LES BONS
COMPTES
FONT LES BONS
C♥UPLES

Les Éditions Transcontinental inc.
1100, boul. René-Lévesque Ouest
24e étage
Montréal (Québec) H3B 4X9
Tél. : (514) 392-9000
1 800 361-5479

Pour connaître nos autres titres, tapez **www.livres.transcontinental.ca.** Vous voulez bénéficier de nos tarifs spéciaux s'appliquant aux bibliothèques d'entreprise ou aux achats en gros ? Informez-vous au **1 866 800-2500.**

Distribution au Canada
Les messageries ADP
2315, rue de la Province, Longueuil (Québec) J4G 1G4
Tél. : (450) 640-1234 ou 1 800 771-3022
adpcommercial@sogides.com

Données de catalogage avant publication (Canada)
Chèvrefils, Lison

Les bons comptes font les bons couples
(Collection Affaires plus)

ISBN-10 2-89472-297-4
ISBN-13 978-2-89472-297-8

1. Couples - Finances personnelles. I. Archambault, Denise, 1954-   . II. Titre. III. Collection.

HG179.C416 2006   332.024'0086'55   C2006-940105-5

Révision : Diane Boucher
Correction : Diane Grégoire
Photos des auteures : Louise Tanguay
Conception graphique de la couverture et mise en pages : Studio Andrée Robillard

Imprimé au Canada
© Les Éditions Transcontinental, 2006
Dépôt légal — 1er trimestre 2006
Bibliothèque nationale du Québec
Bibliothèque nationale du Canada

ISBN-10 2-89472-297-4
ISBN-13 978-2-89472-297-8

Nous reconnaissons, pour nos activités d'édition, l'aide financière du gouvernement du Canada, par l'entremise du Programme d'aide au développement de l'industrie de l'édition (PADIÉ), ainsi que celle du gouvernement du Québec (SODEC), par l'entremise du programme Aide à la promotion.

Denise Archambault
Lison Chèvrefils

LES BONS COMPTES FONT LES BONS COUPLES

Les Éditions
Transcontinental

Préface de Jocelyne Cazin

Au tout début de la Création, Adam et Ève étaient parfaits. Ils étaient seuls et parfaitement heureux. Rien n'assombrissait leur journée. Rien ne méritait qu'ils se déchirent sur la place publique. Rien à l'horizon n'allait entacher leur vie de couple. Le partage du patrimoine, qui se limitait à quelques feuilles de vigne et d'olivier, n'allait provoquer aucune dispute.

Mais vous connaissez la suite. Le couple a croqué dans le fruit défendu, et les problèmes ont commencé.

Si Adam et Ève avaient pu, il y a plus de deux millions d'années, compter sur des gens comme Denise Archambault et Lison Chèvrefils pour les prévenir que croquer dans une pomme a des conséquences parfois désastreuses qui peuvent virer à la foire d'empoigne, nous n'en serions peut-être pas là.

En parcourant ces pages, j'ai bien reconnu le sens de l'humour et de la justice de Denise, cette amie d'enfance que j'aimais retrouver tous les étés lorsque sa famille débarquait dans mon petit village pour la période des vacances. Très jeunes, Denise et moi étions éprises de justice et détestions qu'une amie soit favorisée au détriment de l'autre. Denise avait toutefois une longueur d'avance sur moi : elle apprenait de son père et de son grand-père le Code civil sur le bout de ses doigts. Une matière qu'elle a toujours su rendre plus digeste grâce au sens de l'humour hérité de sa mère, pour qui toutes les occasions étaient un prétexte à la bonne humeur.

Dans le parcours d'une vie, on rencontre à l'occasion des gens de qui on ne peut plus se passer. Le jour où je cherchais une experte en planification de la retraite, Denise m'a présenté Lison Chèvrefils. Elle est vite devenue une incontournable autant dans mon cercle d'amis que dans ma vie professionnelle.

Sachant être au bon endroit au bon moment, Denise et Lison m'ont servi de guides à plusieurs occasions pour les émissions que j'animais, que ce soit *J.E.*, émission de journalisme d'enquête, ou *Dans la mire*, émission d'affaires publiques diffusée au réseau TVA. En parcourant ce livre, je les ai d'ailleurs soupçonnées de vouloir faire diminuer l'auditoire de *J.E.* et de *La facture!*

Plus sérieusement, il est vrai que les couples se retrouvent parfois dans le bourbier pour cause d'ignorance, de négligence, de nonchalance, de mauvaise foi et même d'aveuglement volontaire. Ces situations pourraient souvent être évitées s'ils y mettaient une parcelle d'effort et de vigilance. Mais l'humain étant ce qu'il est, il a parfois besoin de se faire rappeler à l'ordre.

Dans nos sociétés modernes, il n'y a plus rien de définitif, que ce soit pour le meilleur ou pour le pire, et il n'est pas trop hasardeux de prétendre que l'on ne se connaît vraiment que lorsque la tempête fait rage. *Les bons comptes font les bons couples* a entre autres ceci d'intéressant, et même de capital, qu'il ne laisse de côté aucune étape de la vie. De l'amour aveugle qui coûte cher au parrainage qui tourne au drame; de la maison qui n'aurait pas subi le test de passage si l'inspection avait été faite au partage du patrimoine lors d'un divorce; des enfants abusifs aux parents irresponsables; chaque capsule représente un tableau qui dépeint parfaitement une scène de vie. Bref, Denise et Lison vous proposent au cours des pages qui suivent beaucoup plus qu'un mode d'emploi.

Si Adam et Ève faisaient un saut dans le xxie siècle, le premier conseil que je leur offrirais serait de courir vers une librairie pour se procurer ce précieux livre. Pas de doute, il deviendrait bien vite leur livre de chevet. Comme il deviendra sans doute le vôtre.

Bonne lecture !

Jocelyne Cazin
Février 2006

Table des matières

Les temps changent, les couples aussi

Jusqu'aux années 70, au Québec, le mariage était l'option la plus courante pour les gens qui désiraient vivre à deux. Mais quand les choses se corsaient, elles se corsaient solide, puisque ce cadre financier et juridique ne permettait aucune souplesse. On s'aime ? On se marie. On ne s'aime plus ? On laisse le juge trancher.

Les choses ont bien changé. Au Québec, de plus en plus de gens vivent en union libre. Les nouvelles situations de couple (famille recomposée, troisième ou quatrième union, couples de même sexe, couples ayant un grand écart d'âge... ou de salaire) ne respectent pas le modèle traditionnel que nos parents ont suivi. Aujourd'hui, les solutions aux problèmes de couples doivent être aussi originales, novatrices et personnalisées que les cas rencontrés.

Entre autres nouvelles réalités, l'autonomie relativement récente des femmes complexifie le rapport entre les sexes... et plus particulièrement à l'égard de l'argent, dont on a à se préoccuper quotidiennement. Après tout, le partage du pouvoir n'est pas une mince affaire.

Nous sommes des femmes de notre temps. Parfois mariées, parfois accotées, en relation de courte ou de longue durée, nous avons goûté plus d'une fois à la vie à deux. Cette expérience personnelle riche, couplée à une pratique professionnelle dynamique, nous a bien servies dans l'écriture de cet ouvrage.

L'une étant notaire et l'autre, planificatrice financière, nous nous considérons comme des témoins privilégiés de l'évolution rapide de la société. Nos compétences combinées nous permettent de proposer des solutions tout en finesse et en originalité aux casse-têtes présentés par nos clients, et plus particulièrement par ceux vivant en couple.

Les gens entretiennent souvent un bien curieux rapport avec l'argent. Leur conception erronée des principes de finances personnelles a soulevé nombre de conversations et de discussions entre nous. Dans cet ouvrage, les couples trouveront des pistes de réflexion (et de protection !) efficaces afin d'éviter certains écueils et d'adoucir les conséquences des situations périlleuses.

Bref, nous vous encourageons à vivre pleinement vos émotions, et nous vous conseillons d'y ajouter un brin de raison. Bonne lecture.

Denise Archambault, notaire
Lison Chèvrefils, planificatrice financière

Quand on est en amour

« On devrait prendre des conjoints comme on prend des députés : pour cinq ans. Après cela, le conjoint essaierait de se faire réélire. »
André Birabeau, écrivain et dramaturge français

On s'aime tellement. On partage tout !

Ah ! l'amour ! Les papillons dans l'estomac, les escapades de fin de semaine, les soupers aux chandelles. C'est tellement l'*fun* ! On vit ensemble, on dépense ensemble, pourquoi ne pas mettre tout notre argent en commun ? Et hop ! Vive le compte conjoint.

STOP ! Posez-vous la question : est-ce vraiment un signe d'amour que de tout mettre en commun et de n'avoir qu'un seul compte de banque dans lequel on fait déposer automatiquement les deux salaires ? L'amour-fusion, c'est formidable, et nous vous le souhaitons de tout cœur, mais qui a dit que la fusion devait s'appliquer aux finances personnelles ?

Allez, pensez-y un peu. Qu'arrivera-t-il si votre tendre moitié :

▶▶ fait faillite ?

▶▶ fait l'objet d'une saisie ?

▶▶ perd la tête, vous fraude et s'envole avec le compte conjoint ?

▸▸ est victime d'un grave accident de la route et se retrouve dans le coma pendant six mois ?

▸▸ décède sans avoir signé un testament en votre faveur ?

De grâce, évitez-vous les mauvaises surprises. Conservez votre espace, votre autonomie et **votre compte d'épargne personnel.** Surtout si vous en êtes aux premiers balbutiements de votre vie de couple. Surtout si vous venez de reconstituer une ixième famille. Surtout s'il y a un écart significatif entre votre revenu et celui de votre douce moitié.

La notion de partage intégral ne garantit pas que l'amour sera éternel. Nous avons suffisamment d'exemples dans les pages qui suivent pour le prouver.

■ AU RESTAURANT, À L'ÉPICERIE, AU CINÉMA ■

Qui paie?

Votre relation amoureuse est récente? Voilà le moment d'établir la façon dont les articles achetés et les activités faites à deux seront payés. Qui paie quoi et comment?

Discuter de tout ça rapidement, idéalement au début d'une relation, est la meilleure chose à faire. En effet, il est plus difficile de réécrire l'histoire un an plus tard, quand on se rend compte que les choses, finalement, ne sont pas égales en fonction des goûts (et surtout des salaires) de chacun.

Nous connaissons des couples qui collent sur le frigo toutes les factures des dépenses effectuées au cours du mois. À la fin de la période, souvent le dimanche, ils équilibrent les comptes. Ça prolonge le plaisir du café matinal et suscite des discussions.

Un couple d'amis plus original et plus discipliné préfère noter chaque semaine les dépenses et les engagements dans un grand cahier. Leur credo: «Quand c'est écrit, c'est vu.» Puisque les bons comptes font les bons couples, ces amis s'assurent ainsi de la plus grande transparence dans leurs finances, sans traîner de ressentiment sur une parole donnée mais non respectée: «Avance-moi 50$, je te les rembourse à ma paye de jeudi prochain.»

Voilà pour les adeptes de la calculette.

D'autres couples, par contre, préfèrent payer, grosso modo, chacun leur part. Ce sont les intuitifs, un peu bohèmes, persuadés que trop de calculs tuent l'amour. Ces amoureux préfèrent l'à-peu-près: «On a à peu près les mêmes goûts, le même salaire, ça revient à peu près au même chaque mois.» Il y a de ces couples qui, malgré tout, finiront leurs jours ensemble sans trop de heurts.

Nous restons convaincues que faire un minimum de comptabilité n'est pas ce qui peut arriver de pire à des gens qui s'aiment. Que chacun paie à son tour les petites dépenses que sont le cinéma ou le resto, ce n'est pas plus mal, mais les grosses sorties de fonds, elles, sont beaucoup plus à risque de causer des conflits majeurs – et de mener à des conséquences dramatiques ; elles doivent donc être judicieusement partagées.

Bref, les formules sont nombreuses. Chose certaine, on a bien le droit de payer la traite à son p'tit pitou ou à sa chérie de temps en temps, sans tout calculer à la cenne près. Mais discutez vite de tout le reste... et évitez ainsi nombre de disputes inutiles.

◼ LES ACQUISITIONS DE BIENS COMMUNS ◼

« Je prends le système de son, tu prends le lave-vaisselle »

Vous vivez à deux, oui, mais n'achetez pas tout le contenu de l'appartement à deux. Le jour fatidique d'une rupture (même si, en ce moment, vous refusez de croire que cela peut arriver), comment séparerez-vous tous les biens de la maison si vous les avez achetés à 50-50 ? Non, la scie à chaîne n'est pas vraiment une bonne solution, même si, nourries par la colère, la rage ou le dépit, certaines personnes y auraient volontiers recours.

Notre solution

La meilleure façon de procéder, c'est de partager les acquisitions : ma cuisinière, ton frigo, ma laveuse et ma sécheuse, ton matelas-sommier *king size*. Et n'oubliez pas d'inscrire le nom de chacun sur les factures de chaque article, factures que vous aurez conservées en lieu sûr, évidemment. Le jour où votre nid d'amour se transformera en champ de bataille, chacun pourra identifier clairement son artillerie avec le minimum de blessures.

■ LE DÉSÉQUILIBRE ENTRE LES REVENUS DE CHACUN ■

« Je gagne moins, je paie moins »

Josée gagne 60 000 $ par année. Le salaire de Marc-André est 30 000 $. Comment partage-t-on les dépenses dans un couple quand les deux salaires ne sont pas égaux ?

Si Marc-André s'entête à tout payer 50-50 parce que « après tout, il a son orgueil », il ne pourra suivre le rythme bien longtemps. Il en est de même pour certaines féministes qui croient que l'autonomie financière des femmes passe obligatoirement par le 50-50 de toutes les dépenses communes.

Notre solution

1. On additionne les deux revenus : 60 000 $ + 30 000 $ = 90 000 $.

2. On assume les dépenses communes au prorata des salaires. Josée paie donc les deux tiers des dépenses domestiques et Marc-André le tiers.

Les dépenses communes sont : épicerie, électricité, téléphone, Internet, vacances, loyer ou remboursement hypothécaire, assurances et voiture (s'il n'y en a qu'une pour le couple). Les dépenses individuelles sont : voiture respective, loisirs personnels, études, cadeaux, cellulaire, produits de soins personnels, vêtements.

? QUESTION À **100 $**

Une cliente sans enfant nous a demandé récemment : « Chez nous, mon chum paie l'emprunt hypothécaire et le compte de taxes de notre condo. Moi, je paie le reste : les comptes de téléphone, d'électricité, de télé numérique, d'Internet haute vitesse, en plus de l'épicerie et de la SAQ. Est-ce juste et équitable ? »

✔ RÉPONSE À **1 000 $**

MONSIEUR		MADAME	
Hypothèque	13 200 $	Téléphone	1 000 $
Frais de condo	1 800 $	Électricité	1 200 $
Taxes	1 700 $	Câble	600 $
Assurances	500 $	Internet	480 $
		Épicerie	10 400 $
		SAQ	2 400 $
TOTAL	**17 200 $**	**TOTAL**	**16 080 $**

Pour de bons vivants comme eux, les sorties de fonds annuelles sont semblables. On serait tenté de dire que tout baigne. Mais on oppose ici deux types de dépenses : les frais fixes et les dépenses variables. Les tensions surgiront le jour où le conjoint assumant les dépenses variables en aura assez de payer pour celui ou celle qui mange ou qui gaspille pour deux, qui passe des heures au téléphone avec les amis européens, qui croit qu'une bouteille de vin de moins de 20 $, c'est de la piquette.

Nous répondons à cette cliente que, tant qu'à calculer leurs dépenses pour voir si leurs sorties de fonds s'équivalent, aussi bien les additionner et les départager de façon égale.

Il y a assez de sujets *hot* dans le quotidien d'un couple, essayez d'éliminer au moins celui du partage des dépenses communes.

■ L'IMPÔT SUR LES ÉPARGNES ■

On recourt au fractionnement

Si, dans votre couple, il y a un écart significatif entre vos revenus respectifs, pensez à investir les épargnes hors REER **au nom du conjoint gagnant le moins.** L'impôt sur l'intérêt de ces placements sera donc moins élevé. C'est ce que les fiscalistes appellent le **fractionnement.**

L'idée est de faire imposer par celui ayant le taux d'imposition le plus bas des revenus qui seraient autrement fort amaigris par le fisc. Ce ne peut être que quelques dollars au début, mais il suffit de peu pour changer un taux d'imposition.

Notre mise en garde

Attention, cependant : ce qui est donné est donné. En cas de rupture, chacun conserve les placements qui sont à son nom.

Les gens mariés ou unis civilement, qui sont soumis aux règles du partage du patrimoine familial, auront à équilibrer leurs fonds de pension et leur REER, mais aucunement les actifs non enregistrés, sauf s'ils sont régis par le régime légal de la société d'acquêts.

M arcelle a 52 ans et a toujours cotisé au régime de pension qu'offre son employeur ; elle ne se fait donc pas de souci pour son revenu à la retraite : elle aura une bonne rente ajoutée à ses REER. Elle a de plus hérité d'une belle somme au décès de sa mère. Bernard, son mari, a 56 ans. En tant que travailleur autonome, il a durement économisé pour ses REER. La proximité de sa retraite commence à l'inquiéter quand il voit l'épargne accumulée en regard de la rondelette somme nécessaire pour bien vivre.

Notre conseil

1. Marcelle devrait dès maintenant, et ce, jusqu'à sa retraite, cotiser à un REER de conjoint pour le bénéfice de Bernard. Elle aura droit à la déduction fiscale, mais les sommes ainsi investies appartiendront dès lors à son mari. Il est en effet inutile pour Marcelle de continuer à accumuler du capital s'il en résulte une imposition plus élevée à la retraite.

2. S'il y avait rupture, tous les REER du couple accumulés pendant le mariage seront de toute façon répartis entre les conjoints conformément à la loi sur le partage du patrimoine familial.

3. L'héritage de Marcelle lui appartient cependant en totalité et ne sera pas partageable. Il en va ainsi de toutes les économies hors REER, puisque Marcelle et Bernard sont mariés en séparation de biens.

Rien n'a été prévu à ce sujet pour ceux et celles qui vivent en union de fait. Seule la Régie des rentes du Québec permet le partage des gains inscrits à certaines conditions, mais il faut que la demande soit conjointe.

De plus, vérifiez toujours la pertinence des « trucs » fiscaux avant de les appliquer. Certains ont l'air formidables, mais ils ne cadrent pas nécessairement avec votre réalité.

■ LES BIENS PERSONNELS ACQUIS AVANT LE MARIAGE ■

Pas question de les partager !

Que vous choisissiez la séparation de biens ou la société d'acquêts comme régime matrimonial, sachez qu'en cas de divorce les biens appartenant à chacun des conjoints **avant le mariage ou l'union civile** ne seront pas partagés, car ils **ne font pas partie du patrimoine familial.** Il est donc fortement recommandé d'établir une liste écrite de tous les biens personnels et de la valeur de ceux-ci au moment du mariage ou de l'union civile. Oui, oui, comme ça :

SALON	PROPRIÉTAIRE
Divan	Louise
Meuble audio-vidéo	Normand
Lampe halogène	Normand
Téléviseur	Normand
Tapis persan	Louise
Pouf	Louise
Tableau « Paysage »	Normand
Tableau « Femme nue »	Louise
Store en papier de riz	Louise

Et ainsi de suite pour la cuisine, la chambre, le corridor, le sous-sol, le cabanon, alouette !

Si vous optez pour la signature d'un contrat devant notaire (sous l'un ou l'autre des régimes), vous avez la possibilité de faire consigner ou même inclure ces listes. Ce professionnel devrait d'ailleurs vous le conseiller. Ainsi, s'il arrivait que votre union prenne fin, au moins une partie de vos biens ne fera pas l'objet de viles discussions.

En passant, prenez l'habitude de conserver en lieu sûr les factures de tous vos achats d'importance. Si vous n'en avez pas besoin pour faire face à votre « futur ex » dans le contexte tristounet d'une rupture, il se pourrait que votre assureur vous les demande un jour. En effet, même les grands amoureux se font dévaliser. Les parfaits tourtereaux peuvent aussi voir leur nid d'amour frappé par la foudre, voire endommagé par un incendie.

■ LES COMPTES CONJOINTS ■

L'amour-fusion, OK, mais pas dans le compte de banque

Nous pouvons, à la limite, être d'accord avec le compte de banque conjoint qui facilite la vie financière des grands voyageurs. Ou celui des jeunes parents. Ce qu'on y retrouve ? Les prélèvements automatiques du fonds d'études, du paiement de l'unique voiture de la famille, des assurances, des dépenses **fixes** pour la maison. Chacun des conjoints gère ensuite son salaire, son argent, ses placements et ses dettes. Voici ce que peut entraîner la fusion financière :

- Un des conjoints est mis en faillite par un créancier. La cote de crédit de l'autre est aussitôt entachée.

- Un des créanciers dudit conjoint obtient une saisie sur ses actifs. Votre paie (qui est directement déposée dans le compte conjoint) ainsi que vos économies y passeront.

- Si aucun testament n'a été rédigé en votre faveur, la moitié du compte conjoint seulement vous appartient. L'autre part ira aux héritiers. Et au décès, le compte en entier est gelé jusqu'à ce que la succession du défunt soit réglée. Le survivant n'y ayant pas accès, il peut se retrouver, temporairement du moins, plutôt coincé.

- Vous recevez une lettre d'une agence de recouvrement pour des comptes impayés à votre nom. Votre tendre moitié, qui s'occupait de la gestion de vos finances, a plutôt tout perdu au casino. Normal : elle s'approvisionnait dans le compte conjoint.

■ LE COUPLE AUX YEUX DE LA LOI ■

« On vit ensemble depuis si longtemps. C'est comme si on était mariés ! »

Il ne faut pas confondre les droits que certaines lois peuvent accorder aux couples non mariés après une période donnée de vie commune avec les règles établies dans le Code civil du Québec. Un peu de ménage s'impose :

• **Le fisc** considère les conjoints de fait après un an de cohabitation, au même titre que les gens mariés ou unis civilement. Cela peut présenter certains inconvénients du vivant, comme le calcul du revenu familial pour établir le droit à certaines déductions. Mais, au décès, il est possible d'effectuer des transferts de biens exonérés d'impôt alors qu'ils auraient été autrement taxables si légués à des étrangers.

• **La Régie des rentes du Québec** donne droit, au décès de l'un des membres du couple, à la prestation de conjoint survivant s'il y avait cohabitation depuis au moins trois ans et dans certains autres cas plus pointus.

• **Les régimes de pension d'employeurs** possèdent leurs règles propres dans l'établissement des droits des conjoints survivants et la définition du terme « conjoint ».

• **Le Code civil du Québec**, par contre, fait et fera *toujours* la distinction entre les gens mariés, ceux qui vivent en union civile et les conjoints de fait. Les droits et les obligations qui découlent du mariage ou de l'union civile, tels que le droit au partage du patrimoine familial et la pension alimentaire, pour n'en citer que deux, **ne s'appliquent pas aux couples non mariés** vivant en union de fait.

La confusion provient souvent d'exemples de couples non mariés, parents d'enfants qu'ils ont eus en commun, qui se séparent un jour et qui doivent assumer des obligations alimentaires pour ceux-ci. En pareil cas, c'est l'existence de ces enfants qui génère les droits et les obligations, **et**

non le fait d'avoir vécu ensemble. Bref, l'accumulation des années de cohabitation ne signifie jamais que vous serez traités comme un couple légalement marié ou uni civilement.

A près trois ans de fréquentations, Geneviève accepte d'emménager chez Frédéric puisqu'il est déjà propriétaire d'un bungalow convenant parfaitement à leur projet : fonder une famille. Douze ans et deux enfants plus tard, rien ne va plus. C'est la séparation.

OUI La justice va statuer sur les droits de garde et fixer les sommes qui devront être versées par l'un ou l'autre des parents à titre de pension alimentaire pour les enfants.

NON Geneviève n'aura pas droit à quelque compensation financière que ce soit pour les années passées au foyer consacrées à l'éducation des enfants.

OUI En quittant la maison de Frédéric, elle pourra apporter les meubles et autres effets dont elle est propriétaire, dans la mesure où elle prouvera, factures à l'appui, que ceux-ci lui appartiennent.

NON Geneviève ne pourra demander un partage du fonds de pension ou des REER que Frédéric a accumulés pendant leur vie commune.

SEULEMENT SI FRÉDÉRIC EST D'ACCORD Geneviève aura droit au partage des gains inscrits à la RRQ.

■ **LES DOCUMENTS JURIDIQUES** ■

Le mariage arrange-t-il tout, vraiment ?

Il est faux de croire que, parce que vous êtes marié ou uni civilement, vous n'avez pas à vous préoccuper d'être protégé par des documents comme un testament, un mandat en cas d'inaptitude, etc. En effet :

- Le régime matrimonial des conjoints règle le sort d'une partie de leur avoir advenant un décès. Aucun des régimes n'opère une transmission automatique de la totalité de vos biens à votre veuf ou votre veuve.

- Les époux désireux de se léguer tout leur actif doivent absolument le prévoir par un testament fait et signé en bonne et due forme ou avoir inclus une clause testamentaire dans leur contrat de mariage.

- Si l'un d'eux avait le malheur un jour d'être déclaré inapte (c'est-à-dire légalement incapable d'assurer la gestion de ses biens et de donner un consentement éclairé en raison d'une maladie, d'un accident, d'une déficience due à l'âge, etc.) et n'avait pas eu la prudence de se munir d'un mandat, son conjoint n'a aucun droit *ipso facto* de prendre en charge la gestion de ses biens et les soins de sa personne. Il n'a aucune garantie que l'assemblée de parents qui se réunira pour ouvrir un régime de protection à la personne inapte en nommant un curateur, un tuteur ou un conseiller le désignera comme « protecteur et gestionnaire attitré ».

Un petit rappel amical

Vous êtes marié ou uni civilement ? Félicitations. Vous avez un contrat de mariage ou d'union civile ? C'est un bon début. Mais vous avez aussi besoin des documents suivants si vous souhaitez dormir sur vos deux oreilles :

1. Un mandat en prévision de votre inaptitude.

2. Un testament pour assurer la transmission de vos biens selon vos désirs.

3. Une convention établissant vos droits et vos responsabilités si vous êtes copropriétaires d'un immeuble.

? QUESTION À 100 $

Un client marié depuis peu nous demande : « Quand l'un des deux conjoints utilise la seule voiture du couple pour aller au travail chaque jour, est-ce que la propriété doit être moitié-moitié ou en proportion de l'utilisation ? Et les frais de réparation ? l'essence ? les assurances ? »

✔ RÉPONSE À 1 000 $

La propriété du véhicule devrait être répartie en fonction de l'apport de capital de chacun dans le prix d'achat.

Quant aux coûts d'entretien et aux frais inhérents à la possession du véhicule, ils devraient refléter l'utilisation faite par chacun des conjoints en allouant également une proportion pour l'usage commun.

Pour nous, c'est une question de gros bon sens.

■ LES CONJOINTS AYANT UNE GRANDE DIFFÉRENCE D'ÂGE ■

La jeunesse a parfois un prix

L'amour, ça n'a pas d'âge, mais ça a des conséquences. Dans certains cas, le partage du patrimoine familial s'avère inéquitable. Jetez un coup d'œil à cette mise en situation.

> Charles et Isabelle se sont connus au travail. Charles était divorcé depuis nombre d'années et Isabelle, 41 ans, a eu un véritable coup de foudre pour ce renard argenté de 57 ans. Après quelques mois de fréquentations, ils ont décidé d'unir leurs destinées et s'en sont réjouis jusqu'à la retraite de monsieur. ▥➡

Charles ayant suffisamment d'ancienneté chez son employeur, il a pu quitter le marché du travail à 60 ans avec une confortable pension. Isabelle, alors âgée de 44 ans, a dû se résoudre à continuer de travailler encore plusieurs années.

Les problèmes ont commencé avec les nombreuses activités sociales et sportives de Charles l'obligeant à gruger passablement dans ses épargnes, son revenu mensuel de retraite ne suffisant pas à maintenir son train de vie d'homme actif.

Après une dizaine d'années à ce rythme, les relations se sont nettement détériorées entre Isabelle et son beau renard. À tel point qu'ils ont pris la décision de mettre fin à leur union et de déposer une requête conjointe en divorce.

Les frustrations d'Isabelle ont réellement fait surface lorsque le médiateur lui a expliqué ce que signifiait «partage du patrimoine familial». Isabelle a alors compris que pendant toutes les années où Charles a fait fondre ses REER sur les terrains de golf et dans les salons de bridge, elle a accumulé des fonds enregistrés dont elle doit maintenant remettre la moitié à son futur ex de retraité. En effet, la **portion partageable** des régimes de retraite est **celle qui s'est accumulée pendant le mariage.**

Notre solution

1. Discuter, dès le départ, des projets de retraite de chacun.

2. Convaincre Charles de trouver des activités moins onéreuses et d'ajuster sa nouvelle vie de retraité à son revenu de pension.

3. Idéalement, faire vie commune sans se marier ni s'unir civilement si la situation des conjoints risque de mener à une telle iniquité.

■ LE POIDS FINANCIER DES LOISIRS DE CHACUN ■

Elle aime le tricot,
il adore son gros bateau

Vous aimez le tricot, il aime la voile. Le petit resto du coin vous satisfait, elle n'aime que les grands chefs. L'un s'habille chez Boss; pour l'autre, Winners, c'est bien assez.

On pourrait continuer encore longtemps cette liste de sujets de discordes dans un couple : les carnivores et les végétariens, la mer ou la montagne, l'hôtel quatre-étoiles ou le camping sauvage. Un grand nombre de ces couples passe à travers la vie, heureux et amoureux.

Notre position

Il en va des loisirs comme du reste : la négociation respecteuse a bien meilleur goût et laisse moins de séquelles. À partir du moment où les comptes et les projets communs ont fait l'objet de discussions honnêtes et que chacun y va de sa quote-part lorsqu'il y a inégalité des revenus, il y a déjà un grand pas de fait. Le reste appartient au processus complexe des relations humaines.

■ METTRE LA MAISON AU NOM
DU NOUVEAU CONJOINT DE FAIT ■

Attention aux conseils
d'un ami qui vous veut du bien

Il est fréquent que, à la suite d'une rupture, une personne décide d'investir dans l'achat d'une maison avec un nouveau conjoint. Dans l'attente du jugement de divorce, des amis bien intentionnés « qui sont déjà passés par là » conseillent à cette personne d'éviter de devenir propriétaire de façon à ne pas ajouter un actif partageable dans son régime matrimonial.

L'achat de la résidence s'effectue donc officiellement uniquement au nom de celui dont la situation matrimoniale ne pose pas de problème.

Et comme on s'aime à la folie, on n'imagine jamais les scénarios catastrophe. Mais la faillite, le décès, le coma pendant six mois peuvent aussi arriver. On n'est à l'abri de rien.

Bref, si l'urgence de l'achat est telle que vous ne pouvez attendre le prononcé du jugement de divorce, assurez-vous au moins qu'une convention blindée vous protégera des mauvais coups du sort. Et une convention blindée, à nos yeux, passe par les éléments suivants :

1. Identification claire du bien acquis et de ses réels propriétaires.

2. Établissement de la mise de fonds de chacun.

3. Reconnaissance des droits et des obligations respectifs des parties.

4. Engagement par le propriétaire détenteur du titre à céder à son conjoint les droits lui revenant, sur première demande de ce dernier, dès son divorce officialisé.

5. Procédures applicables en cas de rupture ou en cas de décès ou d'inaptitude du propriétaire unique.

Voilà ce qui nous semble essentiel à la réalisation de votre premier engagement financier de couple.

■ UN PREMIER VOYAGE DANS LE SUD ■

Qui récolte les factures ?

Quand les choses vont rondement, on commence à faire des projets. Des projets de vacances, par exemple. Si votre nutritionniste vous a déjà dit : « En vacances, quand même, on peut se lâcher lousse un peu », que dira votre planificatrice financière, pensez-vous ? Qu'il faut jeter à la poubelle toutes les discussions sur le partage des dépenses sous prétexte qu'on se retrouve dans un contexte ensoleillé et exotique pendant deux semaines ?

Notre opinion

Ce n'est pas compliqué : déterminez d'avance le budget alloué aux souvenirs et aux excursions. Ces dépenses font partie du voyage, non ? Si vous tenez tant à vous mettre doublement au régime au retour, allez-y, consommez. On vous promet une double déprime : le pèse-personne et le relevé de carte de crédit.

■ CELLES QUI GAGNENT PLUS QUE LEUR CONJOINT ■

Une nouvelle réalité

Dans un couple où il y a un grand écart entre les revenus des conjoints, il est facile de tomber dans le piège insidieux du rapport de force inégal. De tout temps, les hommes ont été les pourvoyeurs de la famille. Dès que les femmes ont commencé à gagner de l'argent, un « revenu d'appoint » disait-on encore il n'y a pas si longtemps, le rapport de force a commencé à se modifier.

Nous avons lu un article édifiant tiré du *Wall Street Journal* au sujet de l'argent dans le couple, article écrit par un homme. Cet article commençait par la question suivante : « Je gagne plus d'argent que ma femme. Est-ce donc qu'au sein de mon couple mon opinion a plus de poids ? » Conséquemment, il a demandé autour de lui si le plus gros salaire du couple faisait pencher la balance dans une discussion. Les gens répondaient non, parce que c'était la réponse correcte à donner. Mais qu'en est-il vraiment ?

L'argent est le nerf de la guerre. Il faut être aveugle ou naïf pour prétendre que, dans le quotidien des couples où il y a une grande différence de revenus, le conjoint gagnant le plus ne s'attribuera pas certains privilèges, même inconsciemment, comme présumer que certaines des tâches domestiques qu'il n'assume pas sont compensées par le décalage des entrées d'argent dans la cagnotte commune, ou comme passer un commentaire sur une dépense familiale ou non. Comme si, en gagnant plus, on est d'emblée meilleur administrateur.

Notre conseil s'adresse ici aux femmes qui ont un meilleur salaire que leur conjoint. Soyez vigilantes au cours des prochaines discussions financières ; ne devenez pas arrogantes. Bien gagner votre vie ne doit pas vous faire perdre votre capacité de négociatrice et de rassembleuse, qualités spontanément attribuées aux femmes. L'aisance financière entraîne l'autonomie et l'assurance, soit, mais pas la condescendance.

■ LE PARRAINAGE D'UN NOUVEL ARRIVANT ■

Parrain, marraine d'un neveu ? Merveilleux ! D'un adulte ? Voyons donc !

Depuis quelques années, les Québécois ont la bougeotte. Ils rapportent quelquefois des souvenirs de voyage très encombrants. Tomber en amour sur une plage, c'est fréquent, mais devoir ensuite prendre en charge et assumer la responsabilité d'un nouvel arrivant au pays peut coûter cher en frais financiers. Et peut avoir de grandes conséquences légales et émotives.

Marie-Pier rencontre Paco en Colombie alors qu'elle s'y trouve dans le cadre d'un voyage d'aide humanitaire. C'est le coup de foudre immédiat. Les tourtereaux se marient sur place, entourés de la famille de Paco.

À la fin de son séjour d'un an, Marie-Pier a hâte de retrouver son petit appartement douillet de Longueuil et, surtout, de présenter son époux à ses parents et amis. Ils sont tous sous le charme. Sauf Paco qui ne s'attendait pas aux rigueurs de l'hiver québécois et aux difficultés d'apprentissage du français.

Les mois passent. L'été arrive enfin. Mais l'ardeur des débuts s'est émoussée. Et Paco rencontre Consuela à la terrasse d'un bar du centre-ville. C'est le coup de foudre immédiat (encore). |||➡

Marie-Pier, apprenant la fourberie de son époux, lui fait connaître un côté de sa personnalité qu'il ignorait jusque-là. Paco, compréhensif, propose alors le divorce et, pendant qu'il plie bagage, Marie-Pier dépose une requête en divorce en bonne et due forme.

Non contesté, le divorce est prononcé, et la vie continue pour chacun d'eux. Mais l'histoire ne s'arrête pas là. Deux ans plus tard, Marie-Pier reçoit une demande de paiement provenant du ministère des Affaires sociales pour les prestations reçues par Paco, qui est toujours sans emploi. En effet, lorsqu'un citoyen canadien parraine un étranger, les lois provinciales et fédérale le rendent responsable de tous les frais de séjour, incluant le gîte, les aliments, les soins de santé et les besoins personnels. Horreur !

Marie-Pier avait tout simplement oublié, dans le tourbillon des documents à remplir et à signer pour que Paco obtienne son statut de résident permanent, qu'elle le prenait en charge pour une période de trois ans. Marie-Pier n'avait donc aucun recours.

Notre opinion

Nous ne déconseillons pas à tout prix le parrainage d'un étranger. Cela dit, compte tenu des différences culturelles, religieuses et linguistiques, les écueils de tels couples sont souvent plus grands et finissent par « user » l'amour, aussi réel soit-il. La prudence et quelques séjours dans les pays et l'environnement respectif des partenaires éviteraient une trop grande précipitation dans l'engagement juridique et financier.

■ LA DÉFINITION DU MOT « CONJOINT » ■

Le partage des gains inscrits à la RRQ pour les conjoints de fait... mais quels conjoints ?

Trop de couples mariés ou unis civilement se quittent sans avoir réglé définitivement leur situation matrimoniale par l'obtention d'un jugement de séparation ou de divorce.

Hélène et Denis, qui ont tous deux été mariés dans une autre vie, filent le parfait bonheur depuis quatre ans, sans avoir mis un terme officiellement à leur union précédente.

Survient une nouvelle rupture. Encore de bonne foi, les deux conjoints demandent à la Régie des rentes du Québec de partager, de rééquilibrer entre eux les cotisations versées à cet organisme pendant la durée de leur vie commune, tel que la loi le prévoit maintenant pour les couples non mariés. Ils se voient opposer un refus.

Si votre conjoint de fait n'est pas encore divorcé, vous n'avez pas droit au partage des gains inscrits advenant la fin de votre union. Faites votre ménage et réglez vos vieux dossiers.

C'est ma vie, c'est pas l'enfer, c'est pas le paradis

« Carte de crédit : chacun des petits rectangles de plastique dont l'ensemble constitue un jeu de société de consommation, aussi appelé jeu de cash-cash. »

Albert Brie, sociologue canadien

« Les gens qui se plaignent de payer des impôts peuvent être divisés en deux groupes : les hommes et les femmes. »

Anonyme

Le quotidien d'un couple

Dans le quotidien de tous les couples, il y a des constantes : des revenus et des dépenses à équilibrer, des cartes de crédit à gérer, des documents juridiques à rédiger, des déclarations d'impôt à produire, des assurances à souscrire... sans compter les nids-de-poule de la vie à contourner.

Or, comme le bonheur d'être à deux, c'est de s'épauler, de réaliser des projets, et non pas de régler des dettes de consommation, de redouter la faillite, de payer trop d'impôt ou de léguer à ses héritiers plus de problèmes que de beaux souvenirs, vous auriez avantage à éviter ces quelques pièges courants :

▸▸ Maintenir des dépenses plus élevées que les revenus ;

▸▸ Détenir plusieurs cartes de crédit ;

▸▸ Minimiser l'importance des documents juridiques (testament, mandat, conventions) ;

▸▸ Retarder la production des déclarations fiscales ;

▸▸ Faire des économies de bouts de chandelles en ne souscrivant pas les assurances appropriées ;

▸▸ Placer de l'argent dans un produit « extraordinaire » sur les conseils d'un bon ami ;

▸▸ Acheter une maison prématurément ;

▸▸ Vous abonner à la location perpétuelle d'une automobile.

Dès le premier jour de votre union, apprenez à développer des antennes et des réflexes qui vous aideront à maîtriser chacun des problèmes que vous rencontrerez inévitablement dans votre vie de couple. Vous trouverez dans les pages suivantes une foule de conseils pour y arriver.

■ LE SYNDROME DE LA DÉPENSE À CRÉDIT ■

L'argent comptant existe encore

« C'est tellement plus facile d'ajouter une petite dépense de 50 $ sur ma carte de crédit déjà presque pleine que de dépenser le même gros 50 $ lorsque je le sors de mon portefeuille », dites-vous.

C'est bien normal. On ne touche plus à l'argent. Les déplacements d'argent se font de plus en plus de façon **virtuelle.** Votre salaire est déposé directement dans votre compte bancaire, vous acquittez vos factures par guichet automatique ou par Internet, vous transférez des fonds d'un compte à un autre aussi facilement.

La manipulation des billets verts amenait à prendre conscience du geste relié à la dépense. Sans tomber dans la nostalgie du passé, nous croyons que l'utilisation de l'argent comptant contribue directement à la saine gestion du budget. Autre avantage : vous éviterez les risques de fraude élevés que représente l'utilisation des cartes de crédit et de débit.

Avez-vous commencé à travailler à votre budget ? Essayez donc, juste pour le *fun,* de garder en liquide, dans vos poches, le montant d'argent que vous vous allouez chaque semaine, et laissez vos cartes à la maison. Vous dépenserez moins, garanti !

■ LE CHOIX D'UNE CARTE DE CRÉDIT ■

Une référence à consulter

Il existe une publication intitulée *Cartes de crédit : à vous de choisir* qui contient une foule de renseignements et de conseils à l'intention des consommateurs. Elle émane de l'ACFC (Agence de la consommation en matière financière du Canada).

On y retrouve notamment les différences qui peuvent exister entre les diverses cartes de crédit en circulation et les options possibles, ce qui permet de faire un choix plus éclairé en fonction de ses besoins lorsque vient le temps de se munir d'un tel outil de crédit. C'est bien fait, succinct et on peut même la consulter à l'adresse suivante:
http://www.fcac-acfc.gc.ca/fra/consommateurs/cartescredit/default.asp

On y trouve entre autres trois éléments-clés:

1. Une liste pour ceux et celles qui cherchent une carte sans frais annuels.

2. La possibilité de sélectionner exactement la carte qui *vous* convient selon *vos* besoins. Au fait, parlant de besoins, acquittez-vous religieusement le solde de votre carte chaque mois? Nous posons la question comme ça, juste pour savoir…

3. Un tableau comparatif des taux d'intérêt et des jours de grâce avant l'application des intérêts.

■ LES PROGRAMMES DE FIDÉLISATION ■

La fidélité, est-ce si payant?

Nombre de cartes de crédit offrent la possibilité d'accumuler des points, des Air Miles, des bonis, etc. Ça semble très attrayant de prime abord. Mais avez-vous bien considéré le rapport coût-bénéfices?

C aroline utilise sa carte de crédit pour tous les achats de fournitures de son cabinet d'avocate. Elle cumule donc suffisamment de *miles* aériens pour partir chaque hiver en vacances dans le Sud avec Sylvie. Les frais annuels de 130$ sont donc amplement compensés par le bénéfice obtenu: deux billets d'avion en haute saison.

Notre opinion

Il est tout à fait inutile de vous laisser tenter par une telle carte si vos dépenses annuelles de base ne justifient pas le coût des frais d'adhésion ou de service. Si, par exemple, vous obtenez un billet aller-retour pour la Floride après 10 ans de dépenses cumulées, il vous en aura coûté au-delà de 1 000 $ en frais de crédit pour ce voyage (environ 10 x 130 $). N'oubliez pas qu'il existe aussi des cartes sans frais, qui n'offrent pas de récompenses mais qui correspondent peut-être mieux à vos besoins.

■ POUR LES DÉCOUVERTS OCCASIONNELS ■

Marge de crédit ou carte de crédit?

Trop souvent, des consommateurs conservent des soldes élevés d'une façon presque permanente sur leurs cartes de crédit, alors qu'ils ont accès à une marge de crédit personnelle... qu'ils maintiennent à zéro.

La simple logique mathématique face à deux taux d'intérêt différents devrait spontanément vous faire utiliser le plus bas de ceux-ci pour payer vos dettes, vous évitant ainsi de coûteux intérêts à rembourser. Une marge de crédit personnelle jumelée à votre compte de banque est la façon la plus facile, la plus souple et la plus limpide de gérer vos découverts occasionnels, comparativement à une carte de crédit.

Notre conseil

La marge de crédit est un prêt personnel disponible en permanence et dont vous avez l'entière gestion. Servez-vous-en **pour rembourser vos dettes les plus coûteuses d'abord** et comme soutien antistress ensuite.

En effet, plutôt que de courir pour faire des transferts entre comptes de banque ou d'angoisser en vous couchant parce que vous venez de réaliser qu'un chèque oublié doit passer la veille du dépôt électronique de votre paie, demandez une marge de crédit, ça vous évitera une autre période d'insomnie.

Mais attention : la marge de crédit n'est pas un prolongement de votre compte de banque. La marge de crédit ne vous appartient pas : elle appartient à la banque. À son renouvellement (chaque année, la plupart du temps), votre institution financière peut en exiger le remboursement intégral.

? QUESTION **À 100 $**

J'ai demandé une marge de 2 000 $, car c'est suffisant pour mes besoins, mais le conseiller à la banque m'offre 5 000 $ en me disant que ça me coûtera moins cher d'intérêt. Est-ce vrai même si c'est illogique ?

✔ RÉPONSE **À 1 000 $**

C'est tout à fait vrai. Le taux d'intérêt d'une marge plus petite (disons moins que 5 000 $) sera plus élevé que celui d'une marge plus importante. Votre institution tient pour acquis que vous en paierez, des intérêts, puisque vous réclamez une marge. Elle veut donc s'assurer que ce sera rentable pour elle : un petit solde sur votre emprunt doit lui rapporter autant.

✔✔ ET UN PETIT CONSEIL SUPPLÉMENTAIRE **À 5 000 $**

Si vous insistez pour une marge de moins de 5 000 $, offrez de mettre en garantie un dépôt à terme ou une obligation du Canada que vous détenez déjà. Vous obtiendrez probablement une baisse de taux.

■ **L'ANALYSE DES DÉPENSES ET DES BESOINS RÉELS** ■

Ça prend juste un crayon

Vous vous demandez comment il se fait, avec le salaire que vous faites, que vous ne réussissez pas à cotiser à un REER ? Vous en avez assez que vos fins de mois soient synonymes de « boules dans l'estomac » ? Vous êtes mûr pour notre approche douce et non coercitive du **petit crayon.**

Un petit crayon, c'est tout ce que ça prend pour noter vos dépenses au quotidien. Ah oui, il faut aussi un petit cahier ou un bout de papier. Cette compilation peut se faire au lit, en lunchant le midi ou à la pause-café. L'important, c'est la régularité. Voici la marche à suivre :

1. Titrez des colonnes comme suit :

Restos	Sorties	Vêtements	Cadeaux	Sports	Pharmacie

2. Pendant un minimum de trois mois, inscrivez toutes vos dépenses peu importe qu'elles aient été faites par carte de crédit, par carte bancaire ou en argent comptant. Finalement, chaque fois que vous sortez votre porte-monnaie, sortez aussi crayon et calepin.

3. Au terme du trimestre et en toute honnêteté avec vous-même, faites les totaux. Que disent les chiffres ? Aviez-vous *vraiment* besoin du dix-huitième foulard ? L'ensemble de tournevis à manche carré tient-il vraiment mieux dans votre main ? Avez-vous acheté ces articles pour les bonnes raisons ? À ces questions, il y a autant de réponses qu'il y a d'individus concernés.

Cette alerte aux coups de cœur et aux dépenses spontanées ou irréfléchies et l'analyse de votre comportement en matière de consommation tiennent en une seule grande question : quels éléments émotifs vous font dépenser ? C'est cette analyse que nous vous proposons d'accomplir. Ce ne sont pas les dépenses fixes telles que le loyer ou le remboursement hypothécaire, le paiement d'auto ou les frais de garde des enfants que nous remettons en question. Ce sont les dépenses basées sur l'*arbitraire,* celles qui dépeignent votre comportement à l'égard de l'argent. Cette introspection a pour but de vous aider à retrouver une certaine sérénité financière.

■ LA CAPACITÉ D'EMPRUNT ■

L'endettement, ce n'est pas une affaire de pauvres

Le facteur premier de l'endettement serait-il la richesse ? Pas vraiment, mais il faut bien être conscient que ceux qui sont le plus endettés dans notre société contemporaine, ce ne sont pas les gens qui vivent de l'aide sociale. Et pour cause : ils ne présentent aucun intérêt pour les banques, les institutions prêteuses ou les institutions émettrices de cartes de crédit.

Quand Luc a rencontré Martin, ils étaient tous deux étudiants et pauvres. Quelques années plus tard, Luc est dentiste et Martin, directeur des ressources humaines dans une grande entreprise.

Ils sont bien de leur temps. Ils veulent tout, tout de suite : deux voitures, un loft hallucinant dans le Vieux-Québec à 400 000 $, deux voyages et une croisière chaque année, des vêtements signés, etc.

Les cartes de crédit leur sont donc très utiles et ne leur sont jamais refusées vu leur capacité d'emprunt. L'habitude est vite prise de consommer maintenant et de payer plus tard. Un bon matin, l'employeur de Martin ferme ses portes en pleine période de récession économique. Oups !

Notre conseil

Plus vos revenus sont élevés, plus votre capacité d'emprunt est élevée. Il est plus facile de s'endetter, et même de s'acculer tout à fait innocemment à la faillite, avec de bons revenus que lorsqu'on est sans le sou. La sagesse est donc de ne pas laisser vos dépenses suivre exactement la courbe ascendante de vos revenus.

Si Martin et Luc avaient suivi la règle de base de la gestion des finances personnelles, ils auraient rapidement mis de côté et gardé intact l'équivalent de trois à six mois de leurs dépenses mensuelles. Le «Oups» de Martin aurait été converti en «Fiou».

■ LE COÛT DE L'ASSURANCE AUTOMOBILE ■

Un oubli trop fréquent

On s'entend : il y a une constante chez les femmes. Elles ne tripent pas «chars» de la même façon que les hommes. Elles s'attardent à la couleur alors que ce qui fait grimper la facture de l'assurance, c'est ce qui intéresse les hommes : modèle, puissance du moteur et autres attributs techniques.

La prochaine fois que vous magasinez une voiture, Madame, n'oubliez pas de vérifier l'incidence de votre choix sur votre facture d'assurance. Est-ce une voiture que l'assureur qualifie de «luxueuse» même si elle ne l'est pas à vos yeux ?

Monsieur, lorsque votre tour viendra, vérifiez donc si la marque choisie fait partie des voitures fréquemment volées. Et ses réparations sont-elles coûteuses ? Ces détails influent sur votre nouveau budget alloué au poste «Auto».

Donc, si un modèle particulier fait votre affaire, et même si vous ne vous souciez que du fait qu'il vous transporte d'un point à un autre, faites vos devoirs avant de signer le contrat. Il sera trop tard lorsque la facture indexée de l'assureur arrivera.

▉ L'AUTOMOBILE LOUÉE ▉

Au volant d'une dette

La location à long terme d'une voiture a des incidences sur votre capacité d'emprunt. La voiture louée sera considérée comme un passif, c'est-à-dire comme une **obligation** ou un **engagement** plutôt que comme un actif ou un bien vous appartenant. Un créancier sait qu'un bien peut toujours être vendu en cas de problèmes financiers, tandis qu'un contrat signé à long terme vous engage aussi à long terme. Protégez-vous : si vous êtes en couple, faites en sorte qu'*au moins un* des conjoints soit **propriétaire** de son véhicule.

▉ LA LOCATION PERPÉTUELLE ▉

Vous roulez dans votre capital

Une voiture louée vous sera utile si vous changez de modèle à tous les deux ans, parce que vous aimez rouler dans une voiture très récente. Vous en assumez donc les conséquences : la location perpétuelle.

Mais si vous conservez vos autos longtemps, il vaut mieux emprunter pour acheter et rembourser votre emprunt le plus rapidement possible. Vous conserverez ainsi la propriété et la valeur d'une voiture entièrement payée dont vous pourrez vous départir à votre guise.

Imaginez que l'un de vous deux perde son emploi. Le poids financier qui colorerait votre situation serait alors allégé par la vente de la voiture.

■ RENTABILISER LA LOCATION DE VOITURE ■

Une stratégie judicieuse

Si vous faites sciemment le choix de louer votre voiture à long terme, sachez qu'il y a moyen d'accentuer la valeur de ce geste financier : il suffit d'investir la différence entre les paiements d'achat et les paiements de location. Déposez chaque année cette somme dans votre REER et placez le retour d'impôt qui s'ensuit dans un compte d'épargne qui servira de dépôt à l'**achat** de votre prochaine auto.

En utilisant cette stratégie une seule fois, vous êtes doublement gagnant : davantage d'épargnes pour la retraite, et une mise de fond pour la prochaine voiture !

■ LES VÉHICULES D'OCCASION ■

Avant d'acheter, vérifiez !

L'achat d'un véhicule d'occasion peut s'avérer une affaire désastreuse si, en plus de subir des ennuis mécaniques, vous apprenez que le propriétaire antérieur n'avait pas entièrement acquitté le prêt contracté au moment de son achat. En quelques clics, une simple vérification au Registre des droits personnels et réels mobiliers vous permettra de vous assurer que le véhicule vous appartient bien, et qu'il est libre de toutes dettes.

Vous voulez acheter une voiture d'occasion ? Tapez illico presto : http://si1.rdprm.gouv.qc.ca/rdprmweb/index.asp

■ LA DURÉE IDÉALE D'UN PRÊT AUTO ■

Y a rien qui presse

On ne cesse de vous rebattre les oreilles avec ça : une voiture neuve a déjà perdu **50 % de sa valeur** au bout de trois ans. Or, c'est généralement après cette période que les problèmes commencent (et que la garantie prend fin). Vous vous retrouvez donc avec :

• un bien dont la valeur a chuté de moitié ;

• un prêt plus élevé que cette valeur et pour lequel les sorties de fonds d'entretien augmentent.

Retenez donc qu'une voiture neuve se paie **idéalement en trois ans,** et ce, pour vous éviter ce qui est arrivé à l'une de nous : le vol d'une voiture qui valait moins que l'emprunt qui y était rattaché.

■ LES DÉLAIS DE LIVRAISON ■

«Que j'ai donc hâte d'avoir mon char!»

Il est normal pour tout consommateur de trépigner d'impatience dans l'attente de la livraison de la nouvelle voiture qu'il vient de commander chez son concessionnaire.

Bien sûr, le vendeur a indiqué une date de livraison au contrat après s'être assuré de la disponibilité du véhicule.

Bien sûr, ce même vendeur a vérifié que toutes les options choisies (climatiseur, vitres teintées, etc.) pourraient être installées à l'intérieur du délai prévu.

Bien sûr, puisque vous passez la commande immédiatement et que vous versez un dépôt substantiel, on peut vous garantir que votre contrat sera respecté.

Vous faites preuve d'une belle naïveté. Avez-vous déjà lu le verso de votre contrat ? Et particulièrement la clause ayant trait à la livraison ? Sachez que les contrats de vente d'automobile sont généralement semblables. Ils comportent presque tous une clause selon laquelle le vendeur doit vous livrer le véhicule acheté à la date inscrite ou **« aussitôt que possible après cette date ».** Cependant, le vendeur ne peut être tenu responsable de tout délai de livraison attribuable à une cause sur laquelle il n'a pas le contrôle.

En revanche, le consommateur, lui, **doit** prendre livraison de l'automobile au plus tard dans les 72 heures suivant l'avis qu'il recevra indiquant que le bien est à sa disposition, à défaut de quoi il est passible de pénalités et peut même se voir accusé de «bris de contrat». Charmant, non ?

La loi, c'est la loi, et un contrat est un contrat. Soit. Mais pourquoi ne pas exiger que le vendeur inscrive que vous aurez la possibilité d'annuler le contrat et de reprendre intégralement votre dépôt s'il y a retard de livraison de plus de sept jours ? Ce serait là un incitatif au respect des conventions et un encouragement à la vérité. En effet, le vendeur respectueux devrait alors vous donner l'heure juste sur les délais prévisibles, non ?

■ TROP, C'EST COMME PAS ASSEZ ■

Êtes-vous cigale ou fourmi ?

Pour vous, les cigales

Devant la tentation, l'irrésistible impulsion d'ajouter un autre article à ce que vous possédez déjà, il est utile de tester votre résistance à la consommation par ce simple questionnaire :

- En ai-je besoin ?
- En ai-je *vraiment* besoin ?
- Est-ce vital ?

À moins d'obtenir une réponse affirmative à ces trois questions, laissez donc l'objet convoité sur la tablette. Si les jours qui suivent vous apportent la preuve irréfutable qu'il s'agissait d'une réelle nécessité, le détaillant sera encore heureux de vous le vendre.

Qu'est-ce qui est accessoire ? Qu'est-ce qui est nécessaire ?

Vous êtes représentant dans le domaine de l'assurance, vous n'avez qu'un seul complet, vous venez de déchirer votre pantalon et ce n'est pas réparable.

Achat du nouveau pantalon : **nécessaire.**

Vous êtes directrice des ventes, avez six tailleurs, vous en voyez un chez Femme de carrière à l'heure du lunch et vous êtes sur le point de craquer.

Achat du nouveau tailleur : **accessoire.**

Et pour vous, les fourmis

Perdre des mauvaises habitudes de consommation et épargner, c'est le but que chacun doit atteindre, bien sûr. Mais pas au prix de ne plus jamais se permettre une fantaisie, un plaisir. Et pas non plus en recyclant toujours les biens usagés de votre entourage. Il serait ridicule que le prochain article neuf que vous vous procurerez soit votre pierre tombale, non ?

Suzanne est une célibataire âgée de 46 ans, elle a un emploi stable, un fonds de pension et des économies sécurisantes. Au cours d'un rendez-vous pour évaluer sa situation financière et ses revenus à la retraite, sa conseillère financière a dû lui donner l'autorisation de changer son vieux réfrigérateur en lui faisant la preuve mathématique qu'elle ne mettait pas en danger ses vieux jours.

■ LES EFFETS PERVERS DE LA RICHESSE ■

L'argent, c'est comme l'alcool : certains le tolèrent mal

La phrase n'est pas de nous, mais nous l'endossons. Nous sommes témoins des ravages que l'argent a pu causer chez des personnes de notre entourage. À trop en vouloir ou à trop en générer, il y a des gens qui se transforment, qui voient leurs valeurs fondamentales s'estomper, au point de ne plus s'y retrouver.

Divorces, ruptures d'associés, suicides ont souvent pour cause l'insuffisance d'argent, mais aussi sa surabondance.

Notre conseil : particulièrement en cas d'entrées soudaines d'argent (comme un héritage ou un gain à la loterie), consultez un expert et faites-vous guider dans l'apprentissage de la gestion financière. Apprivoisez cette richesse **petit à petit.** Ne modifiez pas trop hâtivement toutes vos habitudes de vie. Prenez surtout le temps de préciser et d'élaborer vos projets avant de vous y lancer à corps perdu.

■ LES MAUVAIS ACHATS ■

Y a-t-il une bonne façon de dépenser ?

Il arrive à n'importe qui de faire un mauvais achat. Soit l'objet acheté est de mauvaise qualité, soit il ne remplit pas vraiment la fonction à laquelle il était destiné.

Et combien de fois constate-t-on un peu tard qu'on a payé « trop cher » ?

Il existe pourtant une multitude d'instruments à la disposition de tous, tels que magazines (*Protégez-vous*), émissions spécialisées (*La facture, L'épicerie*) et organismes (Option Consommateurs), non pas pour magasiner plus, mais pour magasiner **mieux.**

Vous devez changer votre vieux lave-vaisselle? Des spécialistes ont analysé toutes les grandes marques et fait des tableaux comparatifs des rapports qualité-prix.

Chaque année, les jouets en vogue sont testés en ce qui concerne leur sécurité et leur durabilité.

Des guides de l'automobile écrits par des experts vous permettent de connaître la consommation et les coûts d'entretien estimés de tous les produits sur le marché.

Investir quelques dollars ou un peu de temps dans de tels outils vous sera rendu au centuple!

■ LA RECHERCHE DES AUBAINES, C'EST PAYANT ■

Pas le temps d'éplucher les circulaires?

La plupart des gens peuvent répondre «En effet!» à cette question. Il est vrai que rien n'est plus ennuyeux que l'examen des circulaires qui remplissent les boîtes aux lettres. On se plaint d'ailleurs de n'avoir même pas le temps de lire le dernier roman acheté il y a deux mois, alors les circulaires...

Comme le phénomène est bien connu, il y en a qui font l'exercice à votre place. Saviez-vous que chaque semaine, vous retrouverez à l'émission *L'épicerie* une liste des meilleurs achats en alimentation? Il y a également la chronique «Aubaines à saisir» d'André Désiront, tous les mercredis dans *La Presse,* pour des destinations voyages de dernière minute, à rabais. Pourquoi alors ne pas profiter de ces outils qui peuvent vous faire économiser temps et argent?

■ HOMMES ET FEMMES : MÊME COMBAT ■

Couper dans le gras

Résister à l'utilisation d'une carte de crédit, c'est comme résister aux frites. Ce serait si facile d'ajouter une nouvelle dépense et de remettre à demain ou au 1er janvier de l'année suivante l'échéance pour vous reprendre en main financièrement. Vous avez souvent succombé et vous vous retrouvez peut-être maintenant dans de beaux draps. Vous savez, ces beaux draps de satin qui vous ont coûté si cher !

Reprenons notre analogie avec le régime amaigrissant : il ne s'agit pas de tout couper (ni tous les desserts ni toutes vos cartes), mais d'y aller à plus petite dose.

Notre recette

VOTRE SANTÉ	VOS FINANCES
Prévention : Vous avez un accès de gourmandise ? Sortez de la cuisine illico et allez prendre une marche.	**Prévention :** Vous êtes sujet à laisser engraisser votre carte de crédit ? Évitez les centres commerciaux et évacuez votre stress autrement.
Cure : Ça y est, le médecin (ou le miroir !) est formel : vous devez maigrir. Vous attaquez une diète, un programme d'exercice et devenez membre d'un groupe de soutien pour analyser vos habitudes et vos comportements.	**Cure :** Ça y est, le huissier frappe à votre porte. Vous demandez de l'aide avant de tout perdre. Vous rencontrez un conseiller financier, ou encore vous joignez un groupe d'aide comme l'Association coopérative d'économie familiale (ACEF) de votre quartier. Vous apprendrez là aussi à étudier vos habitudes et vos comportements à l'égard de l'argent.
Bénéfices : Vous maintenez un poids santé. Vos analyses sanguines sont normales, et vous n'avez plus le souffle court.	**Bénéfices :** Le paiement final de la dernière créance a été effectué. Vous soufflez mieux, vous dormez mieux. Vous pouvez maintenant penser à économiser.

Bien sûr, vous ne pourrez jamais évacuer tout le stress causant vos dépendances alimentaires et financières. Mais en apprenant à gérer votre compulsion, vous améliorerez grandement votre qualité de vie et celle de votre couple.

En passant, faites-vous donc offrir une tirelire au lieu d'une boîte de chocolats à la Saint-Valentin. Moins engraissant, et plus payant !

■ LES RABAIS RELIÉS À L'ÂGE ■

Vieillir, ça peut être profitable

Personne n'aime avancer en âge, et nul n'a encore trouvé la recette de l'éternelle jeunesse. Mais s'il est impossible de renverser la machine du temps, il faut au moins savoir profiter de certains avantages que la sagesse procure.

Dès 60 ans (et même, dans certains cas, dès 55 ans), vous pouvez bénéficier de rabais à de multiples endroits : les magasins à grande surface offrent des réductions aux aînés, les banques éliminent certains frais bancaires (spécialement si vous avez pris l'habitude de faire vos transactions par voie électronique et que les caissiers n'ont jamais vu vos cheveux argentés et vos quelques rides), les pharmacies et les cinémas ont des tarifs préférentiels, etc.

Vous devez en faire la demande et prouver que vous avez atteint l'âge requis pour obtenir ces privilèges. Par ailleurs, même si un seul membre du couple a atteint l'« âge vénérable », les économies réalisées profiteront aux deux, non ? Pour une fois que vieillir est un avantage, laissez votre orgueil à la maison !

■ LES SIGNES AVANT-COUREURS DE LA FAILLITE ■

Alerte rouge !

Les fins de mois arrivent trop vite ? Voici quelques signes vous annonçant que le pire reste à venir :

- *Vous ne payez que le minimum exigé sur vos cartes de crédit.* VOS cartes de crédit ? Vous en avez plus d'une ? Déjà, il faut se demander pourquoi. *Une* carte de crédit, ça ne suffit pas ? Si vous en avez plus d'une et que vous ne réussissez pas à payer plus que le montant minimum chaque mois, commencez par le commencement : coupez-en une en tout petits morceaux immédiatement. Vous allez voir, ça fait un bien immense. Si vous croyez que la situation est temporaire, confiez en « entreposage » cette deuxième carte à une personne que vous ne voyez pas souvent. Il est temps de lui donner du repos.

- *Vous utilisez vos cartes par obligation et non « parce que c'est utile ».* Vous devez acheter des produits de base à l'épicerie pour le repas du soir, et votre seul moyen de payer est votre carte. Et ce n'est pas pour accumuler des points que vous la sortez. Bon. Soit vous vous mettez au régime immédiatement, soit vous laissez votre carte de plastique bien loin dans le tiroir du buffet pendant que vous viderez le congélateur de son contenu.

- *Vous éteignez des feux.* La marge de crédit rembourse telle carte, et telle carte rembourse une avance sur telle autre carte qui elle-même permet le remboursement minimal d'une autre.

- *Vous recevez un second avis de facture impayée ou une lettre d'une agence de recouvrement.* Avez-vous au moins pensé à leur téléphoner ? Savez-vous que le contact humain conduit souvent à de bons résultats ? Un retard de paiement pour un service de base se règle beaucoup mieux, et avec infiniment moins de stress, avec un préposé au service à la clientèle qu'avec le gros bras mal engueulé de l'agence de recouvrement.

- *Vous vous précipitez sur la boîte aux lettres avant que votre tendre moitié n'en découvre le contenu.* Nous comprenons que dans un couple chacun doit garder son petit jardin secret, mais avec un tel comportement, vous êtes mal parti pour battre le record de la longévité. Si vous avez réussi jusqu'à présent à discuter de sexualité avec votre conjoint, pourquoi est-ce si difficile de lui faire part de vos problèmes de gestion ou de consommation, et même de demander de l'aide ?

- *Vous recherchez actuellement un second emploi pour augmenter vos revenus.* Vu comme une approche stratégique et ponctuelle de remboursement de dettes, pas de problème. Cependant, si cette situation perdure plus de quelques mois, il y a péril en la demeure. La saine gestion financière doit vous permettre de vivre selon vos revenus d'une semaine de travail normale.

- *Vous regardez avec concupiscence votre dernier relevé de REER.* Nous savons bien qu'une majorité de planificateurs financiers vont nous sauter à la gorge, mais nous n'avons absolument pas peur de vous dire ceci : tant qu'à laisser votre REER s'engloutir dans une faillite personnelle, aussi bien le retirer. Ce montant d'argent vous aidera peut-être à éviter la faillite, justement.

4 conseils en vrac

1. Pensez à consolider vos dettes en contractant un prêt personnel dont le taux d'emprunt sera beaucoup moins élevé que ceux de vos cartes de crédit. Vous échelonnerez ainsi de plus petits remboursements sur une plus longue échéance.

2. Si votre marge de crédit vous pèse parce qu'elle est toujours à son maximum, scindez-la en deux : une moitié en prêt personnel et l'autre moitié en marge de crédit qui vous semblera moins lourde à porter. Chose étonnante, vous pouvez aussi faire **bloquer** par votre institution financière l'accès à votre propre marge pendant un temps. Un de nos clients a déjà agi ainsi pour s'aider : « Mon directeur de banque avait trouvé ma demande bizarre, mais c'est de cette façon que j'ai pu me sortir la tête de l'eau. Ma marge de crédit existait toujours, un paiement automatique de 100 $ était fait toutes les deux semaines, mais comme

j'étais trop gêné d'appeler à la banque pour m'autoriser un petit retrait, je n'ai pas touché à ma marge jusqu'à ce qu'elle redescende à un solde raisonnable. »

3. Il est fréquent qu'une assurance vie souscrite il y a longtemps ait généré une bonne valeur de rachat encaissable sous forme de prêt à bas taux. Vérifiez si votre conjoint ou vous-même n'avez pas cette solution à portée de main, en cas de besoin.

4. Enfin, si l'un de vous est propriétaire d'une maison, peut-être serait-il possible d'augmenter votre emprunt hypothécaire pour vous libérer de certaines dettes ou, à tout le moins, d'allonger votre période d'amortissement, diminuant ainsi vos versements mensuels.

■ LA FAILLITE PERSONNELLE ■

Une libération parfois douloureuse

La faillite personnelle a l'avantage de vous « débarrasser » de vos dettes et de vous permettre de repartir à neuf. Mais il ne faut pas négliger ses aspects post-traumatiques.

Les années pendant lesquelles vous ne pourrez obtenir aucun crédit (normalement, sept ans après la libération), la perte de certains biens auxquels vous teniez vraiment, même si c'était sentimental, et le « stigmate » de votre statut auprès de vos proches constituent aussi des facteurs de stress appréciables.

En matière de faillite, chaque cas en est un d'espèce. Il est fort dangereux de comparer votre situation financière à celle de votre beau-frère qui, à bout de souffle, s'en est finalement « sorti » *grâce* à sa faillite.

Ce n'est pas le son de cloche que vous recevriez de l'un de nos clients qui, après sa faillite personnelle, n'avait plus les moyens de payer l'immatriculation et l'essence de sa voiture. Divorcé et père de jeunes enfants, il ne pouvait plus visiter ceux-ci, qui habitaient avec leur mère à une heure de route en pleine campagne.

Notre conseil

Il est on ne peut plus simple : avant de prendre rendez-vous chez le syndic ou de répondre à l'une de ces nombreuses réclames dans lesquelles on vous promet de vous sauver de la dèche, consultez un professionnel compétent en la matière (comptable, avocat, conseiller financier). Vous prendrez alors une décision éclairée, en toute connaissance de cause.

■ LES AUTRES OPTIONS QUE L'AUGMENTATION DE SALAIRE ■

Y a pas que l'argent dans la vie

Si vous travaillez dans une petite entreprise où l'accès au pouvoir décisionnel n'est pas restreint par de multiples strates hiérarchiques, vous pourriez être surpris par l'ouverture faite à vos propositions de reconnaissance autre que salariale.

À un certain niveau de revenu, l'avantage pécuniaire n'en est plus un, car la gourmandise du fisc est trop grande. Pour faire changement, et peut-être améliorer votre qualité de vie autrement qu'avec une augmentation de salaire, pensez à demander :

• une cotisation directe à votre REER sous forme de prime ;
• des congés supplémentaires pour respirer ;
• le paiement d'une assurance salaire ou d'une assurance médicaments personnelle ;
• des actions de la compagnie augmentant d'autant plus votre sentiment d'appartenance ;
• de la formation professionnelle ;

- le paiement de votre inscription à un club sportif ;
- de l'équipement électronique sophistiqué ;
- un voyage de repos.

À l'exception du voyage de repos, de l'équipement de pointe nécessaire au travail ou des congés supplémentaires, les avantages obtenus devront être déclarés et ajoutés à votre revenu à la fin de l'année. Ce qui est déductible comme dépense pour votre employeur est taxable pour vous.

Cependant, si vous obtenez une cotisation directe au REER, la déduction fiscale ainsi obtenue compensera la hausse du revenu. Et après tout, cet argent, vous n'avez pas eu à l'épargner. L'analyse est la même pour le paiement d'une assurance personnelle. Vous êtes maintenant couvert et vous obtenez des remboursements de frais médicaux que vous deviez antérieurement assumer seul. Quant à la formation professionnelle, de l'avancement dans la boîte où vous travaillez pointe peut-être à l'horizon.

Quelques clients à qui nous avions fait cette recommandation ont été surpris de voir que, finalement, il suffisait de demander... avec un sourire.

LES FEMMES PAIENT SOUVENT ■ PLUS CHER QUE LES HOMMES ■

« Pour vous, ma petite dame, c'est un *deal* »

Ce n'est pas prêter foi à une légende urbaine que d'affirmer que les femmes paient souvent plus cher que les hommes pour toute une panoplie de biens et de services. Par exemple, pourquoi le nettoyage à sec d'un chemisier de femme coûte-t-il plus cher que celui de la chemise de monsieur ? Même chose pour une coupe de cheveux ou un petit slip de coton.

Mesdames, il est temps de vous tenir debout. Commencez à exiger que les retouches sur un vêtement soient gratuites à l'achat, tout comme lorsque monsieur fait ourler son pantalon neuf sans frais par le commerce vendeur. Sinon, allez l'acheter ailleurs !

Quant aux réparations d'automobiles, le sujet a été abondamment couvert au fil des ans. Malgré cela, nous vous répéterons qu'il faut arrêter de dire (au moins) deux phrases à votre garagiste :

1. « Je n'y connais rien. »

2. « De toute façon, tout ça ne m'intéresse pas tellement ! »

À la fin de l'année, ce sont des centaines, voire des milliers de dollars qui sont ainsi injustement engloutis. Faites une liste de bons fournisseurs respectueux et équitables. Demandez des références à vos clients, à vos amis, à votre famille, à vos voisins.

■ L'AIDE FINANCIÈRE AUX PARENTS ■

Comment briser le cercle vicieux ?

De nos jours, on voit rarement un parent âgé habiter avec un de ses enfants. Cette responsabilité à l'ancienne a été mise au goût du jour : on voit maintenant des enfants responsables *financièrement* de leurs parents, le plus souvent de leur mère.

Les hommes plus âgés s'en sortent mieux, car ils ont été toute leur vie sur le marché du travail ; ils ont, au mieux, un fonds de pension ou, à tout le moins, des cotisations suffisantes du Régime des rentes du Québec, ce qui n'est pas le sort des femmes à l'âge de la retraite.

Ce phénomène s'accentue depuis quelques années, compte tenu du vieillissement d'une population majoritairement féminine mal préparée et mal protégée. En effet, nombreuses sont les femmes qui se sont retrouvées seules avant l'entrée en vigueur de la loi établissant le partage du patrimoine familial. Que dire de celles qui sont devenues veuves dans la fleur de l'âge et dont les conjoints ne croyaient pas aux vertus de l'assurance vie ? Ces femmes ont généralement un train de vie assez près du seuil de la pauvreté et ne sont pas admissibles à la plupart des programmes de protection sociale.

Les enfants (la plupart du temps, les filles) de ces femmes se voient souvent sollicités, officiellement ou implicitement, pour contribuer au bien-être de leur mère. Évidemment, la tendance naturelle qu'ont beaucoup de femmes de prendre soin d'autrui accentue le souci qu'elles se font pour leur mère. Il s'agit là d'un élan spontané qui ne découle ni de la loi ni d'un jugement.

Notre solution

Pour ceux et celles qui ont actuellement un parent à faible revenu, nous ne pouvons que vous inciter à continuer de faire preuve de générosité à son égard tout en prenant garde aux excès. Si vous n'êtes pas enfant unique, tentez de partager les responsabilités financières avec vos frères et sœurs.

Pour ce qui est de votre propre avenir, planifiez le plus tôt possible votre situation financière de retraite afin d'éviter de forcer la générosité de vos enfants. Vous trouverez bien plus agréable de recevoir des petits cadeaux, des douceurs de la vie que des biens essentiels que vous n'auriez pas les moyens de vous offrir. En somme, comportez-vous dès maintenant comme ceux qui n'ont pas d'enfants et organisez vos finances pour ne compter que sur vos propres ressources à la retraite.

■ LE « DRAME » DES REMBOURSEMENTS D'IMPÔT ■

« Mon Dieu,
que faire de cet argent ? »

Comment éviter que les chèques de retour d'impôt n'aillent directement dans le budget quotidien et ne se fondent dans de banales dépenses de consommation ? Comment étirer ces dollars ? Après tout, vous vous êtes privé de ces sommes tout au long de l'année. Que cette économie fiscale se rentabilise au maximum serait une bonne idée. Voici nos suggestions.

- Remboursez les dettes de consommation de la famille (auto, cartes de crédit, marge, prêt personnel).
- Si vous êtes propriétaire, diminuez votre prêt hypothécaire.
- Déposez ce retour d'impôt dans le REER du conjoint gagnant le plus (coup double, quoi !).
- Investissez-le dans votre compte « coussin financier ». Depuis le temps que vous vous dites qu'il vous en faudrait bien un, au cas où.
- Prenez garde au réflexe du genre : « C'est du surplus, j'en fais ce que je veux. »

Et notre conseil chouchou pour vraiment étirer votre REER : contribuez au Régime enregistré d'épargne-études (REEE) d'un enfant. Du coup, vous recevrez la subvention fédérale de 20 % inhérente à ce programme.

■ UN AIDE-MÉMOIRE FISCAL ■

Les frais déductibles auxquels
on ne pense pas toujours

On oublie trop souvent certaines petites dépenses, quelquefois aussi des grosses, qui peuvent avoir un impact fiscal positif sur une déclaration de revenus. Voici une liste de ces petites déductions auxquelles on ne pense pas d'emblée :

- Les frais de location d'un coffret de sûreté à la banque.
- Les frais de déménagement reliés à l'emploi (frais de transport, de résiliation de bail, juridiques, de déplacement, de logement, de commission d'agent immobilier, d'entreposage, etc.).
- Les dons de bienfaisance qui peuvent être regroupés et transférés au conjoint ayant le revenu le plus élevé.
- Les frais d'opposition, c'est-à-dire les frais comptables ou juridiques engagés par une démarche de contestation d'un avis de recouvrement du fisc. Des dépenses pour vous défendre contre l'assurance-emploi, les régimes de pension du Canada ou les rentes du Québec sont aussi déductibles.
- Au Québec, les dépenses reliées au traitement de l'infertilité et à la fécondation in vitro.
- Les frais d'adoption d'un enfant.

■ LES DONS DE CHARITÉ ■

L'argent comptant n'est pas la seule option

En matière de dons qui offrent un avantage fiscal aux cœurs généreux, saviez-vous que vous pouvez profiter de crédits d'impôt autrement que par un don en argent ? Le terme « don » s'applique aussi à des objets de collection, des œuvres d'art, etc.

Jean-Sébastien a reçu en héritage de sa tante Laura une toile cotée d'un peintre reconnu, ayant une valeur certaine, mais qui ne s'harmonise aucunement avec son décor. Ironie du sort, cette année, il se retrouve avec un supplément d'impôt à payer. Pourquoi ne ferait-il pas don de sa toile à un organisme sans but lucratif qui pourra la vendre aux enchères à son bazar annuel et lui émettre un reçu pour don de charité qu'il ajoutera à ses crédits d'impôt dans sa déclaration fiscale ?

Vos héritiers seraient aussi heureux que le fardeau fiscal à votre décès ne soit pas trop lourd. Vous pourriez, par exemple, désigner un organisme sans but lucratif (œuvre de charité, maison d'enseignement, fondation, etc.) comme bénéficiaire d'une police d'assurance sur votre vie. La somme versée par l'assureur à votre décès fera l'objet d'un reçu émis par le bénéficiaire, applicable en réduction des impôts très souvent élevés au décès.

■ LE TRANSFERT DE VOTRE FONDS DE PENSION ■

Vers le nouveau régime ou dans un CRI?

Un chasseur de têtes vous fait une offre que vous ne pouvez refuser. Il est bien de négocier le salaire et les avantages inhérents au nouvel emploi, mais n'oubliez pas de vérifier ce qu'il adviendra de votre fonds de pension actuel une fois que vous aurez déménagé vos pénates dans la nouvelle entreprise.

Dès que vous avez participé à un régime complémentaire de retraite chez un employeur, vous avez le droit de transférer la totalité de ce fonds, c'est-à-dire vos cotisations et celles que votre patron a investies à votre nom, à l'exception de certains régimes de pension régis par des lois spécifiques provinciales ou fédérales (le Régime de retraite des employés du gouvernement et des organismes publics, le régime de pension des employés de la Gendarmerie Royale, etc.).

Le transfert peut se faire vers le nouveau régime de pension ou dans un compte de retraite immobilisé (CRI). Cette façon de faire est la plus courante. Le CRI est comme un REER, sauf qu'il est « gelé » jusqu'à la date de retraite initialement prévue par votre régime de pension.

Vous pouvez donc accumuler tout au long de votre vie professionnelle autant de CRI que d'emplois. La largesse des autorités fiscales quant à la propriété des fonds de pension laissée à l'employé à son départ tient à la logique suivante : on vous laisse l'argent, mais pour sa raison d'être initiale, et non pour consommer. Ce serait trop simple de tous se retrouver dépendants de l'État à 65 ans.

Notre opinion

Les transferts des fonds de pension à un autre régime de retraite sont moins fréquents que le virement à un CRI. Les actuaires des deux firmes devront s'entendre sur l'évaluation actuarielle de la cagnotte, ce qui n'est pas une mince affaire. Ils devront évaluer ce qu'il en coûte d'offrir une rente payable ou non au conjoint, à vie ou non ; ils devront choisir sur quelle table d'espérance de vie baser la rente, à quel taux d'intérêt de capitalisation, etc. L'actuaire de la caisse de retraite sortante aura évidemment une évaluation plus conservatrice que celle faite par le gestionnaire du nouveau fonds de pension. Généralement, cette solution est adéquate pour les très hauts salariés, près de la retraite.

Le CRI est le véhicule fréquemment utilisé, car il se gère comme un REER personnel. L'investisseur garde le plein contrôle sur les choix de placement.

■ LE CRI ET LE CONJOINT ■

Le legs automatique fait-il votre affaire ?

En quittant vos emplois antérieurs, vous avez dû transférer vos fonds de retraite dans des comptes de retraite immobilisés (CRI). Vous avez maintenant un nouveau conjoint mais, dans votre testament, vous léguez tous vos biens à vos enfants. Normal, vous vivez avec votre nouvelle flamme depuis à peine deux ans.

Savez-vous que vos CRI, aussi nombreux et importants soient-ils, iront directement à votre conjoint, marié ou non, même si vous avez désigné sur formule officielle vos enfants comme bénéficiaires ? En effet, la loi est très claire. Puisque la rente de retraite de l'employeur aurait été versée au conjoint survivant au décès du rentier, il en va de même pour le CRI alimenté par un transfert de fonds de pension. Si vous voulez être certain que la valeur de vos CRI soit léguée à vos enfants advenant un départ prématuré, il faut, par testament toujours, leur donner d'autres actifs ou produits financiers dont le sort n'est pas régi par cette loi.

Nos solutions

1. Souscrivez une assurance vie au bénéfice de vos enfants. Il ne sert à rien de vous mettre en colère contre les gouvernements. Une rente de retraite est d'abord prévue pour la sécurité financière du couple au moment où, normalement, les enfants sont devenus autonomes.

2. Le nouveau conjoint peut renoncer au droit de recevoir le solde du CRI au décès. Même si votre capacité de convaincre a fonctionné et que la nouvelle flamme en question signe cette renonciation, celle-ci peut être révoquée en tout temps avant le décès du rentier. On voit déjà le film : une petite chicane, et voilà la menace de la révocation de la renonciation.

■ L'INDEMNITÉ DE DÉPART ■

Ne partez pas sans elle

Vous devez quitter votre emploi à cause d'une restructuration d'entreprise, d'un départ anticipé à la retraite ou d'une fermeture ? Une indemnité vous est offerte ? Ne partez surtout pas sans elle. Mieux encore, sachez comment l'utiliser **à bon escient.**

Les autorités fiscales reconnaissent comme indemnités ou allocations de départ les sommes reçues de l'employeur en remerciement d'années de service. Cet argent est imposable dans l'année courante, sauf si vous le faites transférer directement dans votre REER personnel. Les sommes forfaitaires pouvant être versées au REER doivent respecter les limites suivantes : 2 000 $ pour chaque année à l'emploi avant 1996, et 1 500 $

additionnels pour les années travaillées avant 1989 pendant lesquelles l'employé n'a pas cotisé au fonds de pension. Vous pouvez profiter du même avantage si vous avez une banque inutilisée de congés de maladie.

En transférant au REER les sommes permises, vous évitez la perception de l'impôt à la source, car une allocation de départ est traitée **comme un salaire.** Ce virement n'influe en rien sur vos cotisations courantes à votre régime enregistré d'épargne retraite de l'année. Par contre, si vous avez encore des droits inutilisés au REER, vous pourrez transférer le reste de votre allocation qui n'a pu se qualifier au transfert direct.

C larisse a travaillé de 1990 à 2001 dans une PME. À l'occasion d'une restructuration, on abolit son poste et, pour faire passer la pilule, on lui offre une indemnité de départ de 15 000 $. Clarisse peut donc transférer 12 000 $ (2 000 $ x 6 ans avant 1996) à son REER. Si elle a encore des droits inutilisés pour son REER, elle peut y transférer les 3 000 $ restants. Le virement de 12 000 $ est traité comme un transfert direct et ne donne pas droit à une déduction fiscale, mais la cotisation de 3000 $, si.

En bref, malgré l'inquiétude que génère une perte d'emploi ou un départ à la retraite un peu forcé, gardez-vous un minimum de calme pour prendre les bonnes décisions financières et utiliser au maximum ce à quoi vous avez droit.

■ LES REÇUS OFFICIELS POUR DONS DE CHARITÉ ■

Je donne, tu donnes, il donne

À la suite des reportages que vous avez vus sur les enfants qui arrivent à l'école le ventre creux, les femmes violentées, les malades nécessitant des soins particuliers offerts par des organismes sans but lucratif, etc., vous décidez que vous devez apporter votre contribution.

Notre mise en garde

Avant de vous laisser émouvoir par le porte-parole de telle ou telle organisation, prenez la peine de vérifier s'il s'agit d'un organisme qui sera en mesure de vous émettre un reçu pour déclaration fiscale.

Si tel est le cas, votre générosité aura également pour effet de vous accorder un crédit d'impôt dans votre prochaine déclaration fiscale. Qui peut se permettre de lever le nez là-dessus? Et n'oubliez pas que vous n'êtes pas tenu d'appliquer le crédit d'impôt à votre revenu, puisque vous êtes le donateur. Le crédit devrait être utilisé par le conjoint pour lequel il est le plus utile.

■ LES DROITS NON UTILISÉS AU REER ■

Chère tante Ursule !

Oh! le beau petit héritage que tante Ursule vous a laissé : 7 000 $! Que faire de cet argent tombé du ciel? Une seule option : payer vos dettes. Vous n'en avez pas? Le montant n'est pas assez élevé pour acheter une maison ni une auto. Et avec les bas taux d'intérêt actuels, le rendement d'un placement à court terme ne serait pas intéressant. Une solution intelligente : combler les droits inutilisés de cotisation au REER de l'un d'entre vous.

Vérifiez votre avis de cotisation fédéral. Vous y trouverez la somme exacte de cotisations que vous avez accumulées en ne cotisant pas le maximum permis chaque année. Tante Ursule serait si fière de vous!

Avec le remboursement d'impôt qui suivra, cotisez de nouveau à votre REER ou à celui de votre conjoint, et vous ferez coup double. Mais n'oubliez pas de vous payer un petit souper en tête à tête dans votre resto favori aussi... Le REER, c'est bien beau, mais il faut vivre!

■ LES PRÊTS ÉTUDIANTS ■

Partir pauvre dans la vie

La plupart des nouveaux arrivants sur le marché du travail commencent leur vie financière dans le rouge. Le grand coupable : le prêt étudiant. En rêvez-vous la nuit ? Avez-vous pour seul objectif de liquider cette dette ? Est-ce que tout achat de maison ou de voiture, tout voyage est irréalisable ?

Certains conseillers financiers recommandent de payer le prêt étudiant d'abord et d'investir ensuite. C'est un conseil judicieux pour ceux dont le revenu ne permet pas à la fois de rembourser les dettes et d'investir. D'autres spécialistes recommandent de cotiser prioritairement à son REER, et le remboursement de la dette suivra.

Notre opinion

Utilisez votre gros bon sens mathématique. Si votre revenu élevé vous entraîne dans les hautes sphères fiscales, ne faites ni une ni deux : cotisez d'abord à votre REER et appliquez ensuite votre remboursement d'impôt à votre prêt étudiant, à la condition que vous n'ayez pas d'autres dettes plus coûteuses. En effet, le taux d'intérêt appliqué aux prêts étudiants est toujours plus bas que celui d'un prêt à la consommation. De plus, les intérêts du prêt étudiant sont déductibles de votre revenu. Ce sera donc la dernière dette à rembourser.

Mais si vous avez les sous, dépêchez-vous de vous rendre libre financièrement. L'endettement de la vie courante viendra bien assez vite : la maison, la voiture, le chalet, le bateau, les voyages, les enfants (et pas nécessairement dans cet ordre).

■ LE FONDS SYNDICAL BIEN UTILISÉ ■

Un RAP rentable

Un RAP se rembourse n'importe où et pas nécessairement à l'institution où il était investi lors du retrait.

Si vous devez rembourser à vos propres REER un solde de RAP chaque année, vous pouvez le faire par l'entremise d'un fonds syndical. Vous obtiendrez au moins la déduction de 30 % pour investissement en capital de risque. C'est mieux que rien !

■ L'ASSURANCE VIE OFFERTE PAR L'EMPLOYEUR ■

Pas une raison pour résilier votre assurance personnelle

Vous venez de dénicher l'emploi de vos rêves avec des conditions à l'avenant : bon salaire, bon régime de pension, excellents avantages sociaux. En effet, la prime de votre plan d'assurance collective est assumée pour la moitié par votre patron et vous couvre, en cas de décès, pour l'équivalent de trois fois votre salaire. Vous vous apprêtez donc à résilier votre assurance vie personnelle souscrite il y a 15 ans. Vous allez faire une grosse erreur.

Une protection minimale individuelle est nécessaire pour vous mettre à l'abri de toute décision arbitraire de votre employeur ; il peut décider n'importe quand de diminuer les protections offertes, de changer d'assureur ou d'annuler tout simplement le régime collectif. Et si c'était vous qui divorciez de votre employeur sur un coup de tête ?

Le cas le plus fréquent est celui de l'employé qui prend un congé de six mois entre deux emplois. Si un accident survient pendant cette période, la famille s'en trouvera bien mal.

Pensons aussi au nouveau retraité qui veut remplacer son assurance collective et qui se met à hurler quand il voit les coûts rattachés à son âge (encore faut-il qu'il soit assurable).

La règle de base en matière de planification successorale, c'est que tout individu devrait avoir en assurance vie individuelle au moins la moitié de la couverture offerte par son employeur. L'assurance au travail ne vous appartient pas ; elle ne vous suit pas si vous changez d'emploi. Si vous laissez tomber votre emploi pour un nouveau travail, une période de chômage ou la retraite, vous aurez 31 jours (en vertu du Code civil) pour transformer votre assurance collective en assurance individuelle. Si vous avez une bonne santé, à l'intérieur de cette période, vérifiez les coûts standards sur le marché général de l'assurance. Il est possible que vous trouviez une meilleure aubaine, car vous comprendrez que les gens qui utilisent ce privilège sont ceux dont la santé est déficiente. Les primes de ce droit de transformation sont par conséquent élevées.

Notre verdict

Maintenez donc en tout temps une protection d'assurance personnelle minimale. Cette assurance personnelle est la seule garantie d'une liquidité rapidement encaissable par ceux qui devront se dépatouiller avec vos dernières volontés. Vous aurez, en prime, la paix de l'esprit.

■ UN AVIS AUX SUR-ASSURÉS ■

Une bonne assurance vaut mieux que plusieurs petites

Comme la plupart des gens, vous allez tout au long de votre vie acheter des voitures, faire des voyages, utiliser vos cartes de crédit, demander des marges de crédit, faire des projets nécessitant un emprunt bancaire. Chaque fois, pensant bien faire, vous acquiescerez d'emblée à l'offre de la petite prime supplémentaire d'assurance prêt. « Après tout, c'est si peu cher. Seulement 3,25 $ de plus par mois ! »

Mais additionnez ces petites sommes (qui deviendront grandes à mesure que vous vieillirez) sur toutes vos créances tout au long de votre vie. La facture est surprenante.

Notre conseil

Nous disons aux jeunes de se protéger le plus tôt possible en souscrivant une assurance vie personnelle qui couvrira toutes les petites dettes que la vie oblige à contracter. Ainsi, l'assurabilité est garantie pour toutes les dettes actuelles et futures et, en bout de ligne, le coût sera de beaucoup inférieur au total de toutes ces petites primes accumulées.

■ LE DÉLAI DE CARENCE EN ASSURANCE INVALIDITÉ ■

Étirer, ça coûte moins cher

La meilleure protection possible en assurance salaire serait d'être couvert dès la première journée d'une invalidité causée par un rhume et de recevoir l'équivalent de votre plein revenu jusqu'à l'âge de 65 ans si vous ne pouvez plus tenir un crayon de la main droite.

Le problème, c'est que pour obtenir une telle protection, vous devrez vendre vos œuvres d'art, vos perles et vos diamants ! La solution n'est pas non plus de ne pas vous protéger parce que tout le monde vous dit : « Mon Dieu que c'est cher, l'assurance salaire ! »

En prolongeant le délai d'attente pour recevoir la première indemnité, vous diminuerez de beaucoup la prime mensuelle. En effet, ce n'est pas 60 ou 90 jours d'attente avant que n'arrive le premier chèque qui mettra votre remboursement hypothécaire en danger. Votre conjoint ou un ami proche pourra toujours vous soutenir durant cette attente. Votre créancier s'inquiétera beaucoup plus s'il vous sait invalide sans possibilité d'entrée de fonds.

Notre conseil

Il est de loin préférable, à prime égale, d'augmenter le délai de carence plutôt que de diminuer le montant des prestations.

La même logique s'applique d'ailleurs à tous les autres domaines d'assurance : habitation, automobile, médicaments, etc.

Il existe aussi d'autres moyens subtils de diminuer le coût des primes, notamment en modelant votre couverture d'assurance (durée ou montant des prestations, etc.) à votre situation personnelle.

■ L'ASSURANCE VOYAGE ■

« Je suis assuré au bureau, ça doit être suffisant »

Vous partez en vacances à l'extérieur du Québec et refusez l'offre de l'agence de voyages qui vous propose une assurance, parce que vous êtes déjà couvert par un plan de protection jumelé à votre carte de crédit ou, encore mieux, parce votre assurance collective au travail vous couvre déjà amplement. Avez-vous seulement vérifié la portée de telles protections ? N'y a-t-il pas des clauses limitatives selon les territoires visités, la durée du séjour, les types de frais couverts ? Autrement dit, êtes-vous assuré d'être bien assuré ? La prudence élémentaire serait de vérifier ou encore de faire vérifier par un expert en la matière l'étendue des protections dont vous pouvez bénéficier. Nous le redirons toujours : il ne faut pas être surassuré, mais il ne faut pas non plus être sous-assuré.

Sur la recommandation de son agent de voyages, Josée souscrit toujours un contrat d'assurance à chacun de ses voyages à l'étranger lorsqu'elle quitte le pays, mais n'y a tout simplement pas pensé avant de partir en camping avec une copine sur la côte est américaine. Bien sûr, à chacun de ses précédents voyages, l'assurance n'avait servi à rien, Josée étant partie et revenue pétante de santé, n'ayant connu aucun pépin en cours de route.

À l'été 1992, Louise, une amie de longue date, garde l'équipement de camping à la suite de son divorce. Elle offre à Josée d'aller se reposer chez les voisins américains. Bonne idée! Les deux copines s'embarquent donc dans cette aventure qui les mène à Nantucket, où elles installent leur campement dans un pittoresque terrain à proximité de la plage.

À peine trois jours se sont-ils paisiblement écoulés que Josée ressent au ventre une persistante douleur qui ne veut pas s'atténuer. Deux autres jours de souffrances, et elle se réveille un matin, pliée en deux dans son sac de couchage, fiévreuse. Louise ne fait ni une ni deux et s'empresse d'amener son amie à l'hôpital, où la malheureuse Josée doit subir une intervention chirurgicale mineure pour l'ablation d'un kyste à un ovaire. Résultat : trois jours d'hospitalisation et une facture frisant les 7 000 $ US. Pour un séjour à l'étranger qui avait à l'origine toutes les apparences d'une escapade économique, Josée en a eu pour son rhume.

Notre conseil

Dès que vous prévoyez sortir du pays, même pour un court séjour, pensez à vous assurer. Consultez un assureur et donnez-lui toute l'information pertinente : endroit et durée du séjour, déplacements possibles et, surtout, ne négligez pas de lui indiquer toute condition médicale existante pour éviter qu'une éventuelle réclamation ne soit refusée. Souffrez-vous d'une maladie chronique ? Avez-vous été traité dernièrement pour de l'hypertension ? Avez-vous été hospitalisé dans les dernières années ? Êtes-vous sous médication ? Sachez que, dans la grande majorité des cas, l'assureur acceptera de vous couvrir. Il y aura peut-être une surprime due à votre condition physique, mais ce n'est rien, comparé aux frais médicaux que vous auriez à absorber sans assurance !

■ LES ENTENTES OFFICIEUSES ■

Un bout de papier reste toujours un bout de papier

On entend malheureusement trop souvent la phrase suivante : « J'ai trouvé la façon de régler mon problème : on va se faire un papier et ça va être correct. Après tout, quand c'est signé, c'est légal. » Le pire, c'est que celui qui la prononce y croit vraiment !

Les gens s'imaginent, à tort, que le fait de consigner par écrit le fruit de leur imagination fertile fera en sorte de « légaliser » leur vision. Sachez qu'un grand principe de notre droit édicte qu'on ne peut pas faire indirectement ce que la loi interdit de faire de façon directe. Autrement dit, ce n'est pas en convenant par écrit d'une illégalité qu'on rend la chose licite.

Un exemple qu'on retrouve fréquemment est celui du couple qui décide de se séparer « à l'amiable » et de convenir de la garde des enfants, d'une pension alimentaire ou de tout autre règlement sur un bout de papier dans le but évident d'éviter des frais d'avocat et le traumatisme du tribunal. **Non,** ce petit bout de papier griffonné ne tiendra pas la route devant le fisc ou encore devant l'immigration lorsque l'un des conjoints voudra quitter le pays avec les enfants sans votre permission !

Notre recommandation formelle

Cessez de penser que les lois contraignantes peuvent être éludées par un bout de papier. La loi reconnaît bien sûr qu'un contrat entre deux personnes est le reflet de leur consentement. Toutefois, notre système juridique comporte des balises et des normes strictes sur bien des points.

Par exemple, vous désirez adopter le régime de la séparation de biens en vous mariant ou en vous unissant civilement ? Vous devez signer un **contrat notarié.** Vous avez à régler des droits de garde de vos enfants lors d'une séparation ou d'un divorce ? Rien ne sera officiel sans l'obtention d'un **jugement.** Votre voisin vous accorde un droit de passage sur son terrain pour accéder à votre garage ? Votre droit ne sera protégé que par la signature chez votre notaire d'un **acte de servitude** et sa publication au registre foncier. Et on pourrait continuer ainsi encore longtemps.

Soyez donc pratique et protégez-vous. Consultez le spécialiste qui pourra vous aider à régler votre problème et obtenez *le* document officiel pour régler chaque situation.

? QUESTION À 100 $

Une cliente nous demande : « L'année dernière, j'ai dû être hospitalisée pour une chirurgie et j'ai donné une procuration à mon fils pour s'occuper de mes affaires. Pourquoi aurais-je besoin, en plus, d'un mandat en cas d'inaptitude ? »

✔ RÉPONSE À 1 000 $

Une tonne de gens ne voient pas l'utilité de rédiger un mandat en cas d'inaptitude, sous prétexte que « leur fils a déjà une procuration à la banque ».

Sachez que la procuration, qu'elle soit générale ou spécifique à certains gestes seulement, est un document par lequel vous permettez à une personne de votre choix d'agir en votre nom, de vous représenter. Votre « procureur » a donc le droit d'agir sans vous consulter préalablement, mais vous avez toujours la possibilité de contrôler ses agissements, même à distance, et de lui retirer ses pouvoirs si vous le jugez à propos, et ce, en tout temps.

Par analogie, disons que c'est quelqu'un à qui vous avez remis un double de la clé de votre maison. Cette personne peut donc pénétrer dans votre domicile, même en votre absence. Mais vous avez toujours le choix de faire changer la serrure si la situation ne vous convient plus.

Le « mandataire », lui, sera plutôt un clone de votre personne, en ce sens que vous lui accorderez généralement tous les droits que vous exercez normalement et lui confierez également la responsabilité de voir à assurer la protection de votre personne. Mais le mandataire ne pourra exercer son rôle que si vous êtes un jour déclaré « inapte ». À ce moment-là, on peut comparer la situation à la remise d'une clé permanente pour une serrure permanente.

Sachez, de plus, qu'au sens strict de la loi, votre « procureur » n'a plus le droit d'agir en votre nom dès que vous cessez d'avoir la capacité de vérifier et de contrôler ses faits et gestes. C'est votre mandataire qui entre alors en fonction.

Fais du feu dans la cheminée, je reviens chez nous

« Les hommes font les maisons, les femmes font les foyers. »
Proverbe anglais

« Que celui qui n'est pas content de son voisin recule sa maison. »
Proverbe belge

Cessez de rêver : calculez!

Quand on achète une propriété, doit-on tenir compte des deux revenus dans le couple? En fait, cette question renvoie à quelques sous-questions : qu'arrivera-t-il si l'un des deux conjoints perd son emploi? S'il y a rupture? décès? Et si, par malheur, au moment où survient l'un de ces événements, le marché immobilier a subi une baisse importante ou si la période est peu propice à la revente? Sera-t-on alors en mesure de conserver la demeure?

À chacun son examen de conscience. Il est vrai que peu de ménages réussiraient à accéder à la propriété en ne tenant compte que d'un seul salaire. Sans être rabat-joie ni vouloir briser vos rêves, nous vous incitons à une plus grande prudence dans l'établissement de votre budget préachat.

Les banquiers ont la dangereuse habitude de faire miroiter aux emprunteurs une capacité financière qu'ils n'ont pas. Normal, les institutions financières se permettent de prendre des risques calculés, étant assurées de détenir toutes les garanties requises. Gardez à l'esprit que la grille d'évaluation du prêteur se fonde sur *des critères que vous ne devriez pas utiliser, vos objectifs et ceux de votre banquier n'étant pas les mêmes.*

Tant pis si le rêve se réduit à une cour plus petite dans un quartier moins huppé, à une seule salle de bains ou pas de vraie salle de lavage. Ces compromis vous faciliteront grandement la vie lorsqu'un de vous deux perdra temporairement son emploi, ou que la famille s'agrandira et que vos revenus diminueront pour quelque temps au moment même où les dépenses augmenteront.

■ LE BUDGET IMMOBILIER ■

Petit aide-mémoire préachat

Pour l'achat de votre propriété, vous vous êtes fixé un montant maximal à ne pas dépasser. Mais avez-vous pensé à inclure dans le montant en question les autres frais découlant de cet achat important ?

- *L'inspection.* De plus en plus, l'inspection de l'immeuble est une condition d'achat. Idéalement, on la fait faire par un ingénieur ou un architecte. Ces spécialistes, membres d'une corporation professionnelle, sont couverts par des assurances responsabilité. Ce n'est pas le cas de tous ceux qui se décrivent comme «experts en bâtiments» dans les *Pages jaunes.*

- *Les frais juridiques.* Au moment d'établir votre budget, vérifiez avec votre notaire quels seront les honoraires et les déboursés relatifs à la transaction, et signez avec lui un contrat de service en bonne et due forme. Vous n'aurez donc aucune surprise au moment de la signature du contrat.

- *Les droits de mutation immobilière* (ou «taxe de bienvenue»). Ils sont établis en fonction du montant le plus élevé, soit l'évaluation, soit le prix, soit la valeur marchande. Il s'agit d'un taux statutaire : 0,5 % des premiers 50 000 $, 1 % de 50 000 $ à 250 000 $ et 1,5 % de l'excédent de 250 000 $.

- *Les répartitions (ou ajustements) avec le vendeur.* Nous faisons référence aux remboursements d'impôts fonciers, de combustible, de loyers, de contrats de location divers (chauffe-eau, système d'alarme, etc.).

- *Le déménagement.* Faites affaire avec une entreprise fiable détenant de bonnes assurances. Prenez soin de réserver suffisamment à l'avance, surtout en période de pointe.

- *Le branchement des services publics.* L'électricité, le téléphone, la câblodistribution, Internet, etc.

- *Et le reste.* Toutes ces fenêtres à habiller. Tous ces nouveaux meubles à acheter pour remplir les trous. Toute cette peinture. Tous ces ouvriers à engager pour faire tel et tel travail.

On dit que deux têtes valent mieux qu'une. Quelqu'un, dans votre couple, peut-il garder la tête froide et s'occuper des calculs nécessaires et, surtout, garder le contrôle sur toutes ces dépenses qui peuvent si facilement faire exploser un budget... et un couple ?

■ LE RECOURS AU RÉGIME D'ACCÈS À LA PROPRIÉTÉ ■

Qui peut RAPer ?

Le Régime d'accession à la propriété (RAP) a été créé pour favoriser l'accès à la propriété immobilière en utilisant des sommes d'argent « dormantes », ce qu'est le REER. On peut y retirer jusqu'à 20 000 $ par personne pour la mise de fonds d'une maison, à la condition qu'aucun des membres du couple n'ait été propriétaire d'une résidence principale au cours des cinq dernières années.

Bien qu'il soit tentant d'utiliser la *totalité* de son REER pour RAPer, nous conseillons plutôt d'utiliser le REER comme *complément* à un montant provenant d'une autre source. Vous éviterez ainsi que le dépôt initial soit complètement tiré du REER.

Même si le but de ce programme est l'accès à la propriété grâce à des économies enregistrées, il y a des conséquences à ce qu'un couple ayant pour seul coussin financier un REER l'immobilise en entier pour financer l'achat d'une maison.

Le régime enregistré d'épargne-retraite a été créé pour permettre aux contribuables de vivre une retraite confortable. Utiliser la totalité du REER à d'autres fins met en danger leur autonomie financière pour l'avenir. Pouvez-vous imaginer ce que représentera 20 000 $ dans 15 ans à un rendement de 5 % ? C'est beaucoup, beaucoup de sous. Plus exactement 41 578,56 $. Pour plusieurs, cette somme représente deux ans de revenu de retraité.

Les sommes RAPées doivent être remboursées au REER à raison d'au moins un quinzième par année pendant 15 ans. Mais 15 ans, c'est bien long. Il est donc fort sage de tenter de rembourser plus rapidement l'emprunt que vous vous êtes fait à vous-même. C'est d'autant plus important pour ceux qui RAPent à un âge plus avancé. Pensez-y : il ne sera pas amusant de devoir travailler quelques années de plus que prévu parce que vos revenus seront insuffisants pour vous permettre d'accéder à la retraite à l'âge espéré.

Il y a un petit hic aussi : en plus de devoir rembourser la portion du REER qui a été RAPée, il faut continuer de cotiser à son REER annuellement pour diminuer son fardeau fiscal. En vue d'obtenir le meilleur des deux mondes, RAPez comme complément à un autre montant pour effectuer votre mise de fonds, mais remboursez rapidement ce montant sans attendre les délais suggérés par le programme RAP. Vous aurez ainsi un plus petit emprunt hypothécaire et un beau gros REER.

Notre opinion

L'accès à la propriété s'est démocratisé depuis le début des années 90. Le programme RAP y est pour beaucoup. Les Québécois se sont mis au diapason des autres provinces canadiennes, ils se sont enrichis et sécurisés, entre autres par la propriété. Ce qui est très bien. Nous espérons seulement le mieux pour tous : une retraite confortable dans une maison payée et non pas une retraite reportée.

Par ailleurs, il ne faut pas négliger les règles de ce programme. L'une d'elles est que l'on ne peut pas avoir été propriétaire depuis cinq ans. Mais on ne sait peut-être pas que, comme toute bonne règle, celle-ci jouit d'une exception : si l'achat est fait par une personne handicapée ou l'un de ses proches (son conjoint, ses parents, son frère ou sa sœur) dans le but d'y aménager un environnement adapté à ses besoins particuliers, les sommes permises peuvent être RAPées en tout temps.

Il faut cependant être conscient que l'application des autres normes du programme subsistent, notamment en ce qui a trait au remboursement sur une période maximale de 15 ans.

■ L'OFFRE D'ACHAT ■

Un « avant-contrat » qui doit être pris très au sérieux

Vous avez enfin trouvé la maison idéale. Pas question de vous faire damer le pion : vous remplissez subito presto l'offre d'achat et courez la présenter au vendeur, qui l'accepte quelques heures plus tard. Mais la nuit porte conseil... justement parce que vous ne dormez pas : à bien y penser, vous n'êtes plus si sûr que la magnifique cour paysagée sera vraiment agréable en bordure d'une voie ferrée. Pouvez-vous retirer votre offre ?

Malheureusement, non, car l'offre d'achat, bien qu'appelée « avant-contrat » est en elle-même un contrat. Cette entente vous lie à l'autre partie dès le moment où vous avez tous deux signé le document.

D'ailleurs, aussitôt que vous faites par écrit une offre d'achat, vous êtes engagé envers le vendeur. C'est pourquoi il importe d'indiquer un délai (par exemple, 48 heures) à l'intérieur duquel le vendeur doit vous répondre (il peut accepter, refuser, faire une contre-proposition). À l'expiration de ce délai, votre offre ne tient plus.

Contrairement aux contrats de consommation, comme ceux conclus par un vendeur itinérant, vous n'avez pas la possibilité d'annuler cet avant-contrat (sauf si les deux parties impliquées y consentent).

Une seule exception à cette règle : l'acheteur d'une **maison neuve** peut annuler son offre dans les 10 jours qui suivent la signature de l'offre d'achat (souvent moyennant certains frais).

Étant donné l'engagement que représente l'offre d'achat, assurez-vous qu'elle mentionne tous les éléments essentiels.

1. *Les conditions préalables à la signature du contrat.* Inspection, obtention du financement, réparations devant être effectuées par le vendeur, vente préalable de la propriété de l'acheteur, obtention d'analyses de sol et de qualité de l'eau, conformité des installations septiques, etc.

2. *La description précise du bien vendu.* L'adresse de l'immeuble, ses dimensions, celles du terrain, les espaces de garage ou de stationnement (dans le cas d'un condominium), ses accessoires, et le cas échéant, piscine, électroménagers, cabanon, abri d'auto, tondeuse, souffleuse, etc.

3. *Le prix et le mode de paiement.* Comptant à la signature chez le notaire, ou une partie comptant et le solde échelonné sur un certain nombre d'années avec la description des mensualités et le taux d'intérêt payable.

4. *Les obligations du vendeur et celles de l'acheteur.* Le vendeur doit remettre un dossier de titres complet, un certificat de localisation récent démontrant l'état actuel de l'immeuble, rembourser et faire radier les charges hypothécaires antérieures, etc. L'acheteur doit obtenir son financement et en fournir la preuve, déclarer son statut de résident canadien, etc.

5. *Les dates* de signature, d'occupation et d'ajustement des éléments comme les taxes, assurances, loyers, etc.

6. *Tout autre détail propre à la transaction.* Le choix du notaire, la rétribution payable au courtier immobilier, la compensation payable par le vendeur s'il occupe l'immeuble postérieurement à la signature du contrat.

En général, si vous utilisez les services d'un agent immobilier, un document standard sera utilisé, et votre agent n'aura qu'à le compléter en y ajoutant tous les éléments particuliers à votre transaction. Prenez soin de tout lire et, au besoin, de vous faire expliquer les choses ambiguës ou trop techniques avant de signer cette offre.

Si vous négociez sans intermédiaire, vous auriez intérêt à retenir les services d'un notaire pour procéder à la rédaction de ce document d'importance. Une fois signé, ce dernier aura force de loi.

? QUESTION **À 100 $**

Sandrine, divorcée de 53 ans, sans enfants, emménage dans le bungalow de Marc, veuf de 68 ans et père de deux enfants majeurs et autonomes. Ils y filent le parfait bonheur. Si Marc mourait subitement demain matin, qu'arriverait-il ?

✔ RÉPONSE **À 1 000 $**

Advenant le décès de Marc, la maison appartient à ses enfants, et Sandrine n'a aucun droit. Elle est à la merci des héritiers. Pour éviter cette situation, Marc devrait accorder à Sandrine, par testament, un droit d'habitation de la maison, pour une période déterminée, avec la responsabilité d'en assumer toutes les dépenses de nature locative (chauffage, assurances, impôt foncier, consommation d'électricité, etc.). Ainsi, on amoindrit le risque de friction entre les héritiers, on garantit à Sandrine une période d'adaptation à sa nouvelle situation et on protège le capital revenant aux enfants.

■ LE CERTIFICAT DE LOCALISATION ■

Un autre document essentiel à l'achat d'une maison

Pour accorder un prêt à l'achat d'une maison, le créancier hypothécaire exige d'obtenir un certificat de localisation. Mais même si vous n'empruntez pas d'argent pour l'achat de votre demeure, vous devriez toujours vous procurer ce document.

Établi par un professionnel compétent (un arpenteur géomètre), le certificat de localisation vous fournira l'information suivante :

• *La description du terrain et de la bâtisse.* Y sont consignées les dimensions exactes de votre propriété, avec un plan à l'échelle.

- *La conformité avec les règlements d'urbanisme et de zonage* quant au type d'habitation permis (bungalow, maison jumelée, maison à deux étages, etc.), au respect des marges frontales et latérales, à l'usage résidentiel ou commercial, etc.

- *L'existence de servitudes.* Par exemple, votre voisin a un droit de passage au fond de votre cour pour accéder à la ruelle, les services publics (téléphone et électricité) ne permettent pas de construire sur une lisière d'environ 1,5 m à l'arrière du terrain, etc.

- *Les irrégularités ou illégalités.* Par exemple, un empiètement du garage sur le terrain voisin, une piscine qui se situe trop près des limites du terrain, une fenêtre dans le mur latéral qui ne respecte pas la distance permise par le Code civil avec la propriété voisine, etc.

- *L'application de lois particulières qui peuvent limiter vos droits.* Par exemple, zonage agricole, aire de protection en vertu de la Loi sur les biens culturels, site historique, etc.

Généralement, ce document vous sera fourni par le vendeur. C'est la coutume, mais il n'y est pas légalement tenu. Bien souvent, il faut négocier. Sinon, vous devrez requérir les services d'un arpenteur géomètre de votre choix pour son élaboration. Dans certains cas, il vous faudra le faire mettre à jour par un arpenteur. Par exemple, des modifications ont été apportées à l'immeuble, faisant en sorte que le certificat ne démontre plus son état actuel. Ou encore le document est considéré comme « trop vieux » par le créancier hypothécaire. En pareil cas, il est fortement recommandé de faire affaire avec l'arpenteur qui avait préparé le certificat d'origine. Vous devriez normalement économiser un bon montant d'argent puisque ce dernier possède déjà un relevé de base des lieux.

Pour le peu qu'il en coûte (quelques centaines de dollars, la plupart du temps), le certificat de localisation est un outil indispensable et une mine de renseignements précieux.

◼ L'INSPECTION D'UN IMMEUBLE AVANT L'ACHAT ◼

« Le beau-frère peut sûrement faire ça ! » Ah oui ?

La mode, et non la loi, veut que l'on présente une offre d'achat conditionnelle à l'inspection de la bâtisse à la satisfaction de l'acheteur. C'est une bonne chose. Cette approche est tellement répandue que les formulaires d'offres uniformisés évoquent l'importance de l'inspection. Tout acheteur prudent devrait procéder à une inspection avant d'aller plus loin, même si cela n'est pas une exigence formelle dans notre système juridique.

Malgré cette forte tendance, l'inspection d'immeubles n'est pas encore un domaine réglementé. N'importe qui peut s'improviser « expert en bâtiments ». Feuilletez les *Pages jaunes* et vous en trouverez des dizaines. À qui confier l'inspection ? Au beau-frère qui a travaillé pendant 10 ans pour un entrepreneur général ? Ah non ! pas encore le fameux beau-frère !

Notre conseil

Nous vous encourageons à mandater un **ingénieur** ou un **architecte** pour effectuer le travail d'inspection. Ces professionnels :

- sont qualifiés pour émettre une opinion valable sur l'état de la propriété que vous souhaitez acquérir ;
- sont réglementés par un ordre professionnel qui leur impose de souscrire une assurance responsabilité.

Conclusion : on réduit de beaucoup les risques de surprise, on obtient un travail souvent impeccable et, dans le cas contraire, on peut intenter un recours contre ces professionnels. Même si votre beau-frère est ingénieur et qu'il vous offre de faire le travail à rabais, oseriez-vous le poursuivre advenant une erreur de sa part ?

LE TRANSFERT DE L'EMPRUNT HYPOTHÉCAIRE À L'ACHETEUR

On ne transfère pas toute la responsabilité

Quand on vend sa maison, on peut transférer son emprunt hypothécaire à l'acheteur de sa propriété. En gros, ça se passe comme suit : si le créancier hypothécaire du vendeur accepte l'acheteur comme nouveau débiteur, l'acte de vente notarié contiendra une mention stipulant que le prix est payé en partie comptant et en partie par l'engagement de l'acheteur à assumer le solde impayé de l'emprunt hypothécaire, c'est-à-dire à continuer à la place du vendeur à effectuer les versements jusqu'à la fin. Est-ce une bonne idée ?

Notre opinion

Il faut vraiment hésiter à permettre à l'acheteur de votre maison d'assumer (c'est-à-dire de continuer à rembourser) votre emprunt hypothécaire, et ce, pour au moins deux bonnes raisons :

1. *La responsabilité.* Tous les contrats de prêt hypothécaire signés au Québec contiennent cette condition : « En cas de transfert à un acquéreur sub-séquent, le premier signataire demeure toujours personnellement responsable. » Ainsi, advenant le défaut de paiement par le nouvel acheteur, le créancier conserve un recours contre le signataire d'origine pour récupérer sa créance.

2. *Votre crédit.* Le contrat de prêt hypothécaire original, fait à votre nom, étant toujours inscrit au registre foncier, l'engagement financier (donc le risque qu'on vous réclame le solde du prêt) subsiste dans votre dossier de crédit. Cela réduit d'autant votre capacité d'emprunt.

Cependant, cette technique de prise en charge de prêt hypothécaire peut être fort tentante dans certaines circonstances. Par exemple, vous décidez de vendre votre propriété, et il reste encore trois années fermes à votre contrat de prêt hypothécaire dont le taux d'intérêt est de plusieurs points inférieur au marché actuel. D'une part, si vous remboursez votre créancier au moment de la vente, vous devrez payer une pénalité pour paiement par anticipation et, d'autre part, l'acheteur est très intéressé à maintenir ce contrat alléchant pour la période restante... d'autant plus que le solde du prêt lui convient tout à fait. D'ailleurs, l'agent immobilier vous avait déjà avisé qu'il s'agissait d'un excellent argument de vente qui rendait votre propriété plus attrayante que celle de votre voisin, sur laquelle il n'existe plus aucun financement.

Tous deux âgés de 63 ans, Pierre et Madeleine sont retraités. Ils décident de vendre leur propriété, à Cap-Rouge, devenue beaucoup trop spacieuse pour eux depuis que leurs quatre enfants sont partis. Ils deviennent locataires d'un très bel appartement avec vue sur le fleuve.

Un jeune médecin leur fait une offre à 320 000 $, ce qui correspond à leurs attentes. Le proposant acheteur désire leur verser 60 000 $ et prendre en charge le solde du prêt hypothécaire de 260 000 $ (il y a trois ans, ils avaient augmenté leur emprunt hypothécaire pour la construction d'un solarium et l'ajout d'une piscine creusée, en vue d'augmenter la valeur de leur propriété). Le créancier hypothécaire y consent. La transaction se conclut rapidement.

Pierre et Madeleine s'installent dans leur nouveau nid d'amour. Trois ans plus tard, ils se rendent compte qu'ils n'ont pas l'étoffe pour être de bons locataires. Ils décident d'investir dans l'achat d'un mignon condominium à Sillery.

Ils présentent une offre de 196 000 $ qui, moyennant un paiement comptant de 40 000 $, est rapidement acceptée. C'est à l'étude de la demande de financement que les choses se corsent. Madeleine n'a aucun revenu et celui de son époux ne satisfait pas aux normes de l'institution financière. En effet, il est toujours endosseur de l'emprunt hypothécaire qu'il a transféré en vendant la maison de Cap-Rouge.　　　　　　　　　　　　　　　　　　　　　　　　⓵➡

Pierre et Madeleine doivent donc se résoudre à leur condition de locataires. Mais ils ne sont pas au bout de leurs peines. À peine 18 mois plus tard, le jeune Dr X meurt dans un accident de la route. Il laisse une succession déficitaire à laquelle sa conjointe renonce.

L'institution prêteuse prend donc possession de l'immeuble. Plusieurs mois s'écoulent avant que la propriété ne soit revendue, le marché ayant sensiblement baissé entre-temps. Comble de malheur, la vente ne couvre pas le solde du prêt hypothécaire et les divers frais engagés par l'institution prêteuse pendant sa détention.

La banque exerce donc son recours contre Pierre et Madeleine, qui sont demeurés responsables de l'emprunt hypothécaire et qui voient leur fonds de retraite soudainement amputé de quelques dizaines de milliers de dollars.

■ LE CONTRAT DE PRÊT HYPOTHÉCAIRE ■

Des clauses qui se ressemblent...
et des clauses différentes

Quand vous contractez un emprunt hypothécaire, vous devez obligatoirement :

- respecter les modalités de paiement ;

- acquitter vos impôts fonciers ;

- maintenir l'immeuble assuré en tout temps pour un montant au moins égal à la somme empruntée ;

- entretenir et ne pas laisser la maison se dégrader de façon à lui conserver sa valeur marchande ;

- ne pas transformer votre bungalow de quatre chambres à coucher en loft ou en auberge sans le consentement du créancier (de telles modifications à votre maison sont **interdites**).

Un contrat hypothécaire peut toutefois contenir les différences suivantes :

- *Le taux d'intérêt.* Il peut être fixe pour un terme défini (par exemple, 5,5 % pour cinq ans). Il peut être « flottant », c'est-à-dire modifié mensuellement pour suivre l'évolution des taux du marché. Il peut aussi être « flottant » avec possibilité de le convertir en cours de terme en taux fixe. Une foule d'options s'offrent à vous, et il importe de les analyser en fonction de votre tolérance au risque et de votre budget.

- *La possibilité de redemander une avance de fonds à votre prêteur dans quelques années.* Par exemple, si, à l'origine, vous aviez emprunté 100 000 $ et que vous avez actuellement un solde impayé de 60 000 $, vous pourriez, à l'occasion de la rénovation de votre cuisine, demander à votre institution prêteuse de vous verser les 20 000 $ nécessaires pour réaliser ces travaux. Mais votre contrat doit contenir une clause spécifique le permettant. Autrement, vous devrez procéder à un refinancement par l'intermédiaire d'un nouveau contrat notarié, avec les frais que cela implique. Cette possibilité d'utiliser plusieurs fois le même contrat de base pour différents projets nécessitant de nouveaux fonds peut donc être très avantageuse, mais ne se retrouve que depuis quelques années dans les contrats hypothécaires. Il est important de vérifier si le vôtre vous offre une telle possibilité.

Et que faire si votre « vieux » contrat ne vous ouvre pas cette porte ? Il faut calculer si les avantages à court et à moyen terme que vous retireriez d'un refinancement comportant cette nouvelle flexibilité valent la peine en regard des coûts que vous devrez assumer pour y accéder. C'est purement mathématique, et vous auriez intérêt à consulter votre conseiller avant de prendre une décision en ce sens.

■ LA CONVENTION ENTRE COPROPRIÉTAIRES ■

C'est nécessaire,
et ça se met à jour aussi

Une convention entre copropriétaires définit les règles du jeu. Mais encore faut-il qu'elle reflète en tout temps l'état réel de la situation.

Michel et Geneviève ont acheté leur maison peu de temps après le décès du père de Geneviève, qui lui a légué un montant d'argent en guise d'héritage. À l'époque, Michel n'avait pas assez de liquidités pour se permettre le même investissement que Geneviève.

Ils ont demandé à un notaire de rédiger une convention reflétant la différence d'investissement de chacun et d'y inclure une clause stipulant que leur quote-part respective serait de 85 % pour Geneviève et de 15 % pour Michel.

Toutefois, celui-ci, ébéniste de son métier, a complètement rénové l'immeuble au fil des ans, et la valeur que ces travaux ont ajoutée à la bâtisse fait en sorte que Michel a maintenant comblé l'écart qui existait au moment de l'achat.

La sagesse commande maintenant que Geneviève et Michel revoient leur notaire pour faire amender leur convention et rétablir les proportions à 50-50. Idéalement, ils devraient retenir les services d'un évaluateur ou d'un professionnel de la construction pour établir avec le plus de justesse possible l'augmentation de valeur donnée à la propriété par le travail de Michel.

LA CONVENTION ENTRE COPROPRIÉTAIRES ■ ET LE CRÉANCIER HYPOTHÉCAIRE ■

La responsabilité, ça ne se partage pas

Peu importent les règles du jeu entre les copropriétaires d'un immeuble, la convention (même notariée) qu'ils ont signée entre eux ne peut être invoquée auprès de leur créancier hypothécaire lorsqu'il s'agit de la responsabilité des paiements.

G illes et Jacques ont acheté ensemble leur maison à deux étages et, par convention, il a été établi que Jacques détient 75 % de l'immeuble et Gilles, 25 %. Leur contrat stipule également que toutes les charges, sans exception, seront acquittées dans ces proportions. Toutefois, et tel que le veulent la coutume et la loi, l'acte de prêt hypothécaire signé par les deux propriétaires ne fait état d'aucun prorata. Devant le créancier, ils sont tous deux responsables conjointement et solidairement, et chacun peut se voir réclamer la totalité de l'emprunt, qui n'est pas « divisible » en ce sens. L'institution financière qui vous a consenti le prêt hypothécaire ne reconnaît pas la convention entre les copropriétaires, et c'est la règle.

D'où l'importance de bien prévoir les recours que Jacques et Gilles auront l'un à l'égard de l'autre dans le cas où l'un d'eux serait éventuellement appelé à couvrir plus que sa part véritable des charges reliées à l'immeuble. Le créancier hypothécaire n'étant pas l'une des parties à la convention, on ne peut l'obliger à respecter celle-ci. Il faudra donc « traîner » le partenaire en cour et confier l'affaire à un avocat.

■ L'ACHAT EN INDIVISION ■

Ce n'est jamais payant d'être trop pressé

Convertir un immeuble à logements multiples en condominiums est un processus long et coûteux, ce qui incite certains propriétaires à vendre des unités d'habitation *avant* de procéder à cette conversion. S'ils flairent l'aubaine, bien des acheteurs seront alors tentés d'investir rapidement. Mais ce faisant, ils mettent en péril leur investissement.

Michelle et Jean sont littéralement tombés en amour avec un appartement du Vieux-Rosemont, à Montréal, au deuxième étage d'un triplex superbement conservé. Le propriétaire, le sympathique Monsieur Ti-Clin, leur explique que l'immeuble sera transformé en condominiums incessamment, mais que pour ce faire, il doit avoir vendu les trois unités d'habitation. Raison invoquée : seuls les propriétaires-occupants peuvent déposer une demande de transformation à la Régie du logement.

Michelle et Jean comprennent aisément qu'aucun délai de rigueur (ferme et obligatoire) ne peut être stipulé dans l'offre d'achat relativement au parachèvement du projet puisqu'il y a trop d'intervenants dans le projet. Selon l'entente, les tourtereaux s'installeront dans leur appartement aussitôt qu'ils auront signé le contrat d'achat chez le notaire (et payé le prix convenu). Ce qui est fait quelques semaines plus tard.

Deux ans passent. Ils sont toujours les seuls acheteurs, copropriétaires en indivision avec Monsieur Ti-Clin. Surprise : il déclare faillite ! Dans l'intervalle, Monsieur Ti-Clin avait négligé d'acquitter les impôts fonciers et les primes d'assurance habitation, et plusieurs travaux urgents ont été mis en chantier mais sont restés inachevés. Michelle et Jean ne sont pas au bout de leurs peines pour sauvegarder leur investissement.

Notre conseil

Pour protéger leur capital, Michelle et Jean auraient dû, au moment de la signature de l'offre d'achat, exiger que leur argent soit déposé dans un compte en fidéicommis chez leur notaire jusqu'au jour où la transformation aurait été complétée. Ce n'est qu'à ce moment que l'acte de vente aurait été signé. Un compte en fidéicommis chez un notaire garantit que les fonds qui s'y trouvent seront utilisés uniquement pour les fins convenues entre les parties.

Dans l'intervalle, ils auraient pu conclure une entente d'occupation de leur logement et convenir d'un dédommagement mensuel payable au vendeur pour couvrir un certain loyer et leur portion des dépenses de l'immeuble, le tout consigné dans un contrat notarié.

■ LA DÉCLARATION DE COPROPRIÉTÉ ■

Une lecture ennuyeuse
mais essentielle

Trop souvent, les acheteurs de condo sont rebutés par la lecture de la déclaration de copropriété et croient qu'il est inutile de le lire, convaincus que ces documents sont tous pareils. C'est à la fois vrai et faux.

Il est vrai que lire une brique d'une centaine de pages, rédigée dans un jargon juridique assez technique, est inintéressant ! Et il est tout à fait juste de dire que bien des chapitres se ressemblent d'un document à un autre. On y retrouve d'abord l'identification et la définition des parties communes et des parties privatives, puis ce qu'il faut savoir à propos des charges communes, du fonds de prévoyance, des assurances, du syndicat des copropriétaires, des administrateurs, des assemblées et du mode de fonctionnement général de cet appareil juridique.

Il est cependant faux de dire que ces documents sont tous identiques. Et là où votre attention doit se concentrer, c'est justement sur la réglementation particulière à chaque immeuble. En effet, certaines règles établies peuvent refroidir votre envie de devenir copropriétaire de cet immeuble.

Voici quelques exemples :

- Il est obligatoire de recouvrir le sol de tapis. Or, votre fils cadet souffre d'asthme et ne peut vivre dans un tel environnement.

- Pitou n'est pas toléré. Devrez-vous le faire euthanasier ?

- Il est interdit d'installer un barbecue sur la terrasse. Plus question de manger vos super-grillades d'été.

- Vous n'avez pas le droit de louer votre appartement à un tiers. Devrez-vous annuler votre voyage d'études d'un an en France ?

D'autres restrictions peuvent aussi se « cacher » dans des règlements de l'immeuble adoptés lors d'assemblées annuelles ou spéciales et qui ne se retrouvent pas dans la déclaration de base. Il est donc essentiel d'avoir accès à ces écrits supplémentaires.

Vous pouvez les demander au vendeur ou, encore mieux, aux administrateurs de la copropriété qui en sont les dépositaires et qui ont l'obligation de les fournir, sur demande d'un copropriétaire.

Bref, si vous désirez acheter un condo, faites une offre d'achat conditionnelle, notamment, à la lecture et à l'examen de la déclaration de copropriété et des règlements inhérents, et à leur acceptation, évidemment. Si vous avez envie de faire autre chose de votre week-end, confiez la tâche à votre conseiller juridique.

■ L'ASSURANCE PRÊT HYPOTHÉCAIRE ■

Encore une taxe bien cachée

Vous avez fait une demande de prêt hypothécaire pour l'achat de votre maison mais, comme vous n'aviez pas la mise de fonds requise (25 % du coût d'achat de la propriété), l'institution financière exige que vous preniez une assurance pour couvrir votre prêt. C'est obligatoire.

Moyennant une prime calculée en fonction du pourcentage du prix que représente la mise de fonds, vous obtiendrez votre emprunt, et le créancier sera « assuré » qu'en cas de défaut de paiement de votre part, il pourra prendre possession de votre maison.

Cette prime d'assurance s'ajoutant au prêt consenti par la banque varie de 0,5 % à 2,75 %, graduée entre 65 % et 95 % du coût de votre maison. C'est-à-dire que si le prêteur vous avance 95 % du prix d'achat, il faudra rajouter 2,75 % au prêt.

> L isette et Marion achètent un condo de 200 000 $ avec une mise de fonds de 15 000 $. Le prêt total qu'elles devront rembourser est 190 087 $: 185 000 $ au prêteur hypothécaire et 5 087 $ en primes d'assurance.

En soi, la possibilité d'obtenir une assurance sur votre emprunt est une bonne chose, car elle vous permet d'accéder à la propriété plus rapidement que si vous aviez dû accumuler une somme représentant 25 % du coût d'achat de la propriété.

Par contre, il est important de savoir que la prime d'assurance que vous devrez payer sera elle-même financée sur 20 ou 25 ans, tout comme le capital emprunté. De plus, cette prime (comme toutes les primes d'assurance sur les biens, d'ailleurs) est soumise à une taxe provinciale de 9 %, laquelle ne peut être financée. Vous devrez donc la débourser au moment de la signature du contrat d'achat chez le notaire.

> L a prime d'assurance de 5 087 $ est taxée à 9 % au Québec. Lisette et Marion devront donc, sur-le-champ, payer à l'assureur la somme de 457,88 $.

Pensez-y, au moment de faire votre budget préachat...

■ L'ASSURANCE HYPOTHÉCAIRE ■

Ce n'est pas une obligation

Généralement, à la signature du prêt hypothécaire à la banque, le préposé aux prêts vous dit : « L'assurance pour le prêt coûte 12 $ par mois et sera ajoutée à votre paiement mensuel. Vous signez ici, près du X. » Et voilà, l'affaire est réglée !

D'abord, on devrait s'intéresser davantage à votre santé, puisque cette assurance vous couvre en cas de défaut de paiement dû à l'invalidité et au décès.

Ensuite, sachez que vous n'êtes pas obligé de souscrire cette assurance offerte par votre créancier hypothécaire. Et saviez-vous que vous pouvez décider de couvrir seulement la moitié de l'emprunt si vous le vouliez ? Voyons les autres points importants que vous ignorez peut-être.

Lorsque l'assurance est offerte par votre créancier :

- C'est votre créancier qui est le contractant. C'est lui qui souscrit le contrat d'assurance avec un assureur. Cet assureur lui remboursera le montant restant de votre emprunt lors de votre décès. C'est aussi la succursale de votre créancier qui détient le contrat type expliquant les détails de la protection. **Vous n'en avez pas de copie, à moins d'en réclamer une.**

Dans chacun de ces contrats, il y a des limites. Par exemple, le montant maximum de couverture qu'un client peut obtenir. Si, à la même succursale, vous détenez une assurance couvrant votre emprunt hypothécaire résidentiel, celui du chalet, votre voiture neuve plus un prêt personnel, vous dépassez peut-être ce maximum. En l'occurrence, advenant un décès, certains passifs ne seront pas remboursés même s'il y a eu des primes dûment payées. Informez-vous.

- À votre décès, vos héritiers recevront simplement une maison libre de prêt hypothécaire. Vos héritiers ne toucheront pas de liquidités, car l'assureur remboursera le prêt à votre créancier.

- Si vous transférez votre emprunt hypothécaire chez un compétiteur, l'assurance ne vous suit pas. Vous recommencez tout le processus : évaluation de votre état de santé, âge plus élevé et primes conséquentes... si vous êtes toujours « assurable ».

- Lorsque votre prêt est remboursé, vous n'avez plus aucune protection. Si votre état de santé se détériore, tant pis ! Ce type de produit ne vous appartient pas, ce n'est pas une assurance personnelle. Aucune trace des primes d'assurance que vous avez versées pendant tant d'années.

Lorsque vous détenez une assurance privée :

- Vous décidez de la couverture nécessaire selon votre situation : vous pouvez couvrir la totalité de l'emprunt, ou seulement une partie de celui-ci. Vous avez peut-être déjà de l'assurance vie personnelle ou collective, ce qui diminue le besoin de protection en cas de décès.

- Au décès de l'assuré, le montant initial de la couverture est versé aux héritiers, même si l'emprunt hypothécaire a beaucoup diminué ou est maintenant complètement remboursé. Vous pouvez cependant décider de diminuer cette couverture à mesure que le montant du capital à rembourser baisse ; la prime suivra. **C'est votre décision.**

- À la fin du remboursement de l'emprunt (ou si vous transférez vos comptes ailleurs), vous détenez toujours votre assurance.

De plus, chez un assureur privé, on vous posera toutes les questions nécessaires **avant** de vous assurer, ce qui vous évitera des problèmes au moment de réclamer l'assurance. Lorsque le contrat sera émis, il vous sera remis, et vous pourrez être sûr que le capital sera versé au décès.

LE CAS DE MARIE-NOËLLE

Après son divorce, Marie-Noëlle arrête de travailler sur la recommandation de son médecin et doit prendre des antidépresseurs légers pour l'aider à reprendre sa vie en main. Le congé pour invalidité dure six mois. Sur la recommandation d'un bon ami, elle réhypothèque son chalet pour « se faire un nom à la banque et qualifier son crédit ». Le préposé aux prêts lui fait signer tous les papiers nécessaires ; le formulaire d'assurance prêt se trouve parmi ces documents.

Ce n'est que lors d'un rendez-vous avec le conseiller financier de la famille que celui-ci lui fait remarquer la question « Avez-vous au cours des deux dernières années été traité(e) pour… » Le questionnaire médical était bien attaché au contrat d'assurance prêt hypothécaire, les questions étaient claires… mais n'avaient jamais été posées à la cliente, même si elles étaient cochées « Non ».

Imaginez un instant que la légère dépression de Marie-Noëlle se soit aggravée et qu'elle ait mis fin à ses jours. À l'évaluation de la réclamation, la demande initiale aurait été vérifiée et, bien entendu, l'indemnité aurait été refusée parce que tous les renseignements pertinents n'avaient pas été fournis lors de la souscription.

LE CAS DE FRANÇOIS

François fait augmenter le petit emprunt hypothécaire de son immeuble locatif pour investir dans son REER toutes les cotisations inutilisées auxquelles il a droit. Il prend la peine de lire et de s'informer à propos de ce qu'il signe.

Aux questions médicales, il précise au responsable des prêts qu'on a dû lui enlever un mélanome dans le dos il y a à peine un an. Le diagnostic confirmait que le mélanome était cancéreux mais qu'il n'y avait plus de danger.

À la fameuse question concernant l'état de santé et les traitements des deux dernières années, l'employé s'est permis de poser un « diagnostic » en disant au client qu'il n'y avait pas de problème.

Dans les deux exemples ci-dessus, la conséquence est la même : les gens se croient assurés alors qu'ils ne le sont pas. En effet, la réclamation sera rejetée lors du décès. Les vérifications se font lorsque l'événement survient, et il est malheureusement trop tard pour revenir en arrière. La succession sera bien mal prise.

Nous pourrions continuer ainsi à vous décrire chacun des cas qui nous ont fait rager dans nos pratiques. Nous sommes amenées à voir, à lire, à déchiffrer tous les documents importants de nos clients et, malheureusement, à régler aussi des successions. Ces histoires encore trop fréquentes de nos jours nous font frémir.

Voulez-vous conserver le contrôle de vos affaires ? Évaluez bien vos besoins personnels, de couple ou familiaux, et souscrivez le produit que la banque vous offre s'il vous convient mais, de grâce, soyez certain qu'on vous pose les questions sur votre assurabilité et que les réponses sont bien inscrites. Si vous optez pour la simplicité et souvent pour une prime moindre, souscrivez une assurance temporaire d'un montant convenable pour vous qui couvrira vos emprunts actuels et futurs.

▉ LE BUDGET DE RÉNOVATION ▉

Le syndrome du « tant qu'à y être »

La maison que vous venez d'acheter est grande, lumineuse, bien située. Mais la cuisine est épouvantable ! Tout est à changer : les armoires, la céramique, le comptoir, et on ne parle même pas de la couleur des murs. C'est à croire que les anciens propriétaires étaient daltoniens ! Vous vous voyez déjà préparer vos avocats farcis aux crevettes en prenant l'apéro avec les copains assis autour de votre nouvel îlot. Allez, hop ! on fait peau neuve.

Selon la Société canadienne d'hypothèques et de logement (SCHL), vous n'êtes pas les seuls à avoir la piqûre de la rénovation : la plupart des acheteurs de maisons usagées entreprennent des travaux d'importance au cours de l'année ou des mois qui suivent leur achat. Les salles de bains et les cuisines sont les rénovations les plus courantes. D'ailleurs, lors d'une revente, ce sont des éléments qui permettent généralement de récupérer le montant des travaux, et même quelquefois un peu plus.

Cependant, tout rénovateur apprendra bien vite que la facture gonfle à vue d'œil dès la première cloison abattue et peut aller jusqu'à devenir le double de l'estimation des coûts... Et évidemment, pas question de refaire les plans une fois que les armoires sont arrachées et que la nouvelle céramique attend dans un coin du salon.

Un bon conseil : faites affaire avec un professionnel de la rénovation (membre d'un ordre professionnel, tel un architecte ou un membre d'une association de la construction comme l'APCHQ) tout au moins pour l'établissement de votre budget et... ajoutez au moins 30 % à 35 % de travaux ou matériaux supplémentaires. Le risque d'essoufflement financier sera réduit d'autant.

■ LA PROTECTION DE LA RÉSIDENCE FAMILIALE ■

Mettez votre patrimoine à l'abri

Vous êtes mariés ou unis civilement et l'un de vous deux, travailleur autonome ou personne en affaires, est plus exposé aux risques d'une saisie ou d'une faillite. Dépêchez-vous de transférer la maison au nom de l'autre ! Faites cette opération le plus rapidement possible, car un tel transfert dans l'année précédant une faillite pourrait bien être annulé, étant alors considéré comme une fraude envers les créanciers.

Si les problèmes financiers appréhendés survenaient, les créanciers du conjoint saisi ou failli n'auraient ainsi aucun recours contre votre propriété. Normal : ce conjoint n'en serait pas le propriétaire. Et comme vous êtes mariés, il conserverait quand même tous ses droits dans le partage de la résidence familiale (incluse dans le patrimoine familial) advenant séparation, divorce ou décès.

Il en va de même pour les sommes cotisées au REER. Puisque tout ce qui y est investi pendant le mariage est inclus dans le patrimoine familial et partageable, il serait judicieux de concentrer les REER entre les mains du conjoint le moins à risque, surtout lorsqu'il n'atteint pas sa cotisation maximale.

Cela dit, attention : le partage du patrimoine familial ne s'applique pas aux conjoints de fait.

? QUESTION À 100 $

En vue d'éviter toute possibilité de saisie, Sylvain, entrepreneur général à son compte, décide de transférer sa propriété unifamiliale, qui est la résidence familiale, au nom d'une compagnie de gestion dont sa conjointe est l'unique actionnaire. Est-ce une bonne astuce pour déjouer ses créanciers ?

 **RÉPONSE À 1 000 $**

Oh! que non! Au moment de la vente de la propriété, Sylvain aura une bien mauvaise surprise: le fisc ne tardera pas à lui envoyer une facture pour réclamer sa part d'impôt sur le gain en capital.

Une compagnie dûment incorporée a bien un siège social, un domicile élu, mais n'a pas et n'aura jamais de «résidence principale».

■ LA TROUSSE D'ASSURANCE PROPRIÉTÉ ■

Savez-vous vraiment tout ce que vous possédez?

Si vous étiez victime d'un incendie ou d'un cambriolage, seriez-vous en mesure d'établir la liste exacte et complète de tous vos biens? Pourtant, l'exercice est obligatoirement imposé par votre assureur dans le processus d'indemnisation. Et vous seriez surpris de voir à quel point la mémoire est une faculté qui oublie.

Faites un inventaire de ce que vous possédez et maintenez-le à jour. Annexez-y les factures et les photographies de vos biens les plus importants. Vous pouvez aussi utiliser un support vidéo. Conservez le tout hors de votre domicile, soit à l'abri dans un coffret de sûreté à la banque, soit en double exemplaire dans deux lieux différents. Ainsi, le jour où vous devrez faire une réclamation auprès de votre assureur, le casse-tête sera simplifié.

Bien sûr, il est fastidieux de rédiger un tel inventaire. Par où commencer? Que doit-on effectivement noter?

Bonne nouvelle! Le Bureau d'assurance du Canada a mis au point un formulaire que vous pouvez télécharger gratuitement à l'adresse suivante: www.trousseassurance.ca. Ce document vous permet de répertorier de façon systématique et méthodique tout le contenu de votre maison, avec prix et numéros de série. De plus, sa mise à jour est simple, ce qui est utile lorsque vous faites de nouvelles acquisitions ou vous départissez de certains biens.

■ LA RÉNOVATION CADASTRALE ■
Une immense révision qui touche tous les propriétaires

Non, il ne s'agit pas d'une nouvelle maladie transmise par les animaux domestiques et qui attaque vos plants de tomates... La rénovation cadastrale est un processus entrepris en 1992 par le ministère des Ressources naturelles en vue d'uniformiser et d'actualiser les représentations, sur le plan de cadastre, des propriétés privées, qu'il s'agisse de terrains vacants, de résidences urbaines, de chalets, d'immeubles à logements multiples ou d'autres types de propriété. En fait, il s'agit d'une révision faite par des arpenteurs géomètres spécialement mandatés par les autorités gouvernementales pour définir avec exactitude la situation géographique, les dimensions et les bornes d'un terrain.

De très nombreux terrains, particulièrement en milieu rural, étaient jusqu'ici des morcellements d'anciennes terres, désignés comme étant une partie du lot untel, borné par la rivière, par la grange, par le terrain de Madame Tartampion et faisant front à la route principale. La grange étant maintenant démolie, la rivière asséchée et Madame Tartampion décédée depuis plus de 50 ans, il était devenu hasardeux de localiser exactement où, sur la route principale, ledit terrain était situé.

Résultat: des arbres plantés par erreur sur une autre propriété, des immeubles dont un mur se trouve sur le terrain du voisin... Les «chicanes de clôture» pullulant, le Ministère a pris le taureau par les cornes et décidé de tout réviser de façon à faire concorder l'occupation et le cadastre. Voilà une gigantesque entreprise qui ne prendra fin que dans plusieurs années.

Le malheur, c'est que les propriétaires n'y participent que très peu, apparemment dans une proportion inférieure à 20 %. Or, si vous ne vous présentez pas à la consultation publique lorsque vous y êtes convoqué, qui assurera le respect de vos droits ? Qui expliquera au « rénovateur cadastral » que la ligne qu'il a tracée à un certain endroit sur le plan ne devrait pas s'y retrouver ?

Il peut tout simplement s'agir d'une erreur de sa part dans les mesures indiquées au nouveau plan, mais cela pourrait affecter grandement la valeur de votre propriété, surtout si l'erreur vous prive d'une superficie de terrain importante ou fait en sorte que vous ne possédez plus la contenance requise pour obtenir un permis de construction en vertu des règlements de zonage de votre municipalité, par exemple.

Vous pourrez bien sûr faire corriger ultérieurement toute irrégularité que vous découvrirez, mais ce sera alors à vos frais (et c'est coûteux !). Il pourrait même arriver qu'une transaction immobilière projetée soit retardée, voire qu'elle avorte compte tenu des délais que la correction nécessitera.

Lorsque vous recevrez par la poste l'avis annonçant la tenue des audiences dans votre quartier, trouvez le temps de vous y présenter pour vérifier la concordance du nouveau plan avec votre actuel certificat de localisation.

■ LA VALEUR SÛRE QUE REPRÉSENTE L'IMMOBILIER ■

Un placement, vraiment ?

« Achetez votre maison, c'est votre meilleur placement ! » C'est ce que grands-parents et parents ont toujours dit, n'est-ce pas ? On a appris que, comme valeur sûre, il n'y a que les briques.

En fait, tout dépend de la logique et des sentiments qui vous guident dans une telle décision. Si vous décidez d'acheter un immeuble pour y établir votre couple, votre famille et vos assises pour plusieurs années, que vous avez fait de judicieux calculs après avoir déniché l'endroit rêvé et que votre banquier a littéralement flanché devant votre négociation serrée, c'est probablement un excellent choix, et le climat du marché immobilier n'a à ce moment aucune importance ou presque. Votre investissement, à moyen ou à long terme, vous aura rapporté non seulement une plus-value de vos actifs, mais aussi un confort, une sécurité et une qualité de vie familiale appréciables.

Si, par contre, vous subissez l'emballement collectif ou celui de votre tendre moitié et que vous n'avez pas mis la main sur l'occasion du siècle, votre spéculation impulsive risque d'être une mauvaise affaire.

Le marché immobilier a connu et connaîtra encore bien des fluctuations, et il y a une étroite corrélation entre ce marché et le marché boursier. Lorsque l'un est à la hausse, l'autre est généralement à la baisse, et vice versa. Bien sûr, le fait d'ajouter une portion d'immobilier à votre portefeuille vous permettra d'atténuer sa volatilité, mais encore vous faut-il connaître les prix et vous attendre à ne pouvoir réaliser des profits qu'avec le temps.

À partir de quoi nous prétendons que la sagesse est dans l'analyse des besoins, des capacités financières et des aspirations de chacun. Alors, ne cédez surtout pas à cette mode qui fait que les locataires sont des *losers*.

■ **LE « PRÊT LEVIER »** ■

Attention, danger !

On connaît l'effet de levier qui a permis aux Égyptiens de construire leurs pyramides. En matière de finances personnelles, le *prêt à effet de levier* veut dire « emprunter pour investir ou jouer sur ses acquis ».

Puisque la loi fiscale permet la déduction des intérêts générés par un emprunt à vocation d'investissement, de petits futés voudront vous faire emprunter en hypothéquant votre maison pour investir à la Bourse. Selon eux, le coût d'emprunt de 5 % sera facilement amorti par le taux élevé du rendement de votre investissement à la Bourse, de l'ordre de 10 %. Mais attention à ces belles promesses : la preuve mathématique de cette affirmation s'est rarement avérée.

Un prêt hypothécaire de 100 000 $ à 5 % amorti sur 10 ans vous coûtera, en intérêts seulement, 1 058 $ par mois. En 10 ans, vous aurez payé 26 977 $ d'intérêts.

Maintenant, le supposé rendement de 10 % de croissance pourrait vous enrichir de 159 374 $ à la fin de la même période de 10 ans. Ça vaut le coup ! En plus, les intérêts sont déductibles.

Mais nuançons. Le rendement de 10 % est *hypothétique*. Vous pouvez l'obtenir en période de hausse boursière et le perdre l'année suivante. En effet, si le rendement est plutôt de -5 %, vous verrez votre capital fondre comme neige au soleil, et vos nuits seront très agitées.

De plus, votre nouvelle richesse de 159 374 $ aura été imposée annuellement au cours de ces 10 ans. Des intérêts de 159 374 $ imposés à 45 % obligent à retourner au gouvernement 71 718 $. Et cela, toujours si vous avez obtenu chaque année le fameux 10 %.

De plus, à l'occasion d'une mise jour fiscale récente, le fisc canadien a réduit de beaucoup la portion déductible des intérêts d'emprunt. Désormais, il faudra que votre investissement ait vraiment rapporté du gain pour que vous puissiez déduire vos intérêts de vos impôts. Alors l'année où votre placement obtient -5 % de rendement, vous ne pourrez déduire aucun intérêt de votre emprunt. Pas de doute, cette nouvelle contrainte, ajoutée au risque que cette pratique vous fait courir, rend cette idée bien moins intéressante.

Vers la fin de l'échéance de votre emprunt hypothécaire, surtout si votre résidence a pris beaucoup de valeur, augmentez celui-ci de 20 000 $ ou de 25 000 $, que vous investirez illico dans votre REER. Voilà qui nous rend plus indulgentes. En effet, le remboursement d'impôt sera immédiatement utilisé pour le remboursement de l'emprunt hypothécaire.

Votre résidence familiale doit vous procurer un sentiment de sécurité, pas vous l'enlever. Ne l'oubliez pas.

■ LA DÉCISION D'ACHETER UNE PROPRIÉTÉ ■

Doit-on acheter sur-le-champ et à n'importe quel prix?

À écouter tout le monde et son beau-frère, on pourrait maintenant croire que le statut de locataire est devenu une tare. Une curieuse urgence semble pousser les gens à acquérir une propriété, coûte que coûte. Malheureusement, dans certains cas, le rêve finit par prendre des allures de cauchemar grâce à la facilité avec laquelle on peut acheter tant l'immeuble que son contenu.

« Vous devez acheter une maison, ça vous prend un nid d'amour bien à vous, il faut acheter maintenant tandis que les taux sont bas, de toute façon il n'y a plus de logements potables à louer, etc. » Marie-Sophie et Jean-Daniel ont fini par se laisser convaincre.

C'était probablement un, sinon deux ans trop tôt, mais c'est ainsi, la machine était en marche. Comme leur décision a été aussi soudaine qu'imprévue, que le contact avec l'agent immobilier s'est fait sans heurts et que la maison idéale s'est présentée plus rapidement qu'ils ne l'auraient cru, ils ont été pris au dépourvu au moment de verser un dépôt avec leur offre d'achat. Pas de problème: Jean-Daniel s'est procuré 1 000 $ d'avance sur sa carte de crédit, et le tour était joué!

Puisqu'ils quittaient leur petit quatre pièces semi-meublé pour s'installer dans cette propriété comptant trois chambres à coucher, avec sous-sol entièrement aménagé, il leur fallait des meubles, des électroménagers, un ensemble de cinéma maison (après tout, une fois chez eux, ils allaient sortir moins souvent et apprécieraient certainement les soirées d'hiver devant un bon film), etc.

La solution était à leur portée: nombre de grandes surfaces leur offraient de meubler toute la maison, de la cave au grenier et, formidable! ils n'auraient rien à payer avant deux ans!

Cinq années se sont écoulées, et Marie-Sophie est maintenant mère à temps plein de Loïc (trois ans) et d'Audrey (quatre mois). Ils ont dû se défaire de la vieille minoune et prendre un «abonnement» aux paiements mensuels de la fourgonnette de location de Jean-Daniel. Certains des meubles partiellement payés commencent déjà à montrer des signes de fatigue, et il est temps de renégocier l'emprunt hypothécaire. Pourvu que les taux restent bas et stables...

En somme, le message est simple : sachez résister aux modes et, si vous désirez acheter une propriété, faites-le pour les bonnes raisons : parce que vous voulez un vrai chez-vous et que vous avez les moyens de vous l'offrir sans imposer un lourd stress financier à la petite famille. Alors ne manquez pas de vous poser la question : «Sommes-nous prêts, financièrement parlant, à acheter notre première propriété ? »

◼ DES PETITS CONSEILS UTILES ◼

Ce n'est ni de la finance ni du droit, mais c'est tellement pratique !

Nous proposons notre petit aide-mémoire en 10 points destiné aux petits nomades.

1. *Réservez les services d'un déménageur ou d'une entreprise de location de camions assez tôt.* Si votre déménagement est prévu entre la fin de mai et la date fatidique du 1er juillet, faites la réservation au moins trois mois d'avance. En dehors de la période de pointe, réservez votre camion environ quatre semaines avant le moment du déménagement. Dans tous les cas, vous ne serez jamais trop à l'avance : un divan-lit, ça se transporte bien mal dans le coffre arrière d'une Honda Civic.

2. *Ramassez le matériel d'empaquetage en quantité suffisante.* S'ils en ont, les magasins seront heureux de vous donner leurs boîtes usagées. Mais autour du 1er juillet, vous aurez du mal à en trouver. Les amis qui ont déménagé avant vous sont aussi de très bonnes sources d'approvisionnement. Vous pouvez aussi vous procurer des boîtes neuves, du papier d'emballage et du ruban adhésif auprès de la plupart des compagnies de déménagement et d'entreposage.

3. *Planifiez au besoin des lieux d'entreposage.* Le garage inutilisé du beau-père, le sous-sol de la nouvelle maison, un mini-entrepôt.

4. *Débarrassez-vous des objets indésirables.* Vieux jouets des enfants, aspirateur qui ne fonctionne plus et qu'on ne trouve jamais le temps de faire réparer, piles d'anciens magazines qu'on n'a jamais eu le temps de lire, etc.

5. *Avisez tous les services publics* (téléphone, électricité, gaz, câblodistribution, etc.) par téléphone, par Internet ou en utilisant l'onglet détachable de l'enveloppe accompagnant la facture.

6. *Envoyez des avis de changement d'adresse* à la famille, aux amis et à tous les fournisseurs (abonnements à des journaux et à des revues, comptes de grands magasins, etc.). Vous pouvez vous procurer des cartons à cette fin au bureau de poste. Profitez-en pour envoyer une petite carte à vos proches et leur donner des nouvelles du petit dernier !

7. *Prévenez votre assureur de votre déménagement.* Effectuez les modifications requises à votre police d'assurance : valeur de votre nouveau domicile et de son contenu, ajout d'un piscine, etc.

8. *Retenez les services d'un serrurier le jour du déménagement.* Vous ne savez pas combien de personnes ont été ou sont encore en possession des clés de votre nouvelle demeure.

9. *Pensez à faire installer un système d'alarme.* La plupart du temps, votre assureur peut vous recommander une compagnie fiable et vous profiterez fort probablement d'un rabais appréciable sur votre prime.

10. *Trouvez une âme charitable pour garder les enfants,* le chien, le chat et le poisson rouge le jour du déménagement... et dénichez la meilleure pizzeria du secteur où vous emménagez !

Prendre un enfant par la main

*« Démission des parents : action consistant
à donner beaucoup d'argent de poche et peu de gifles. »*
Jean Dutourd, L'école des jocrisses

*« La coutume pour les parents d'embrasser leurs enfants avant
qu'ils ne s'endorment se perd : ils sont trop fatigués
pour attendre que leurs enfants rentrent se coucher. »*
Anonyme

L'éducation financière, ça commence de bonne heure

Les psychologues matrimoniaux disent que la vie de couple de chacun s'inspire largement de celle qu'ont vécue ses parents. Il en va de même pour l'éducation à l'argent.

Au sein de la famille, l'argent ne devrait pas être tabou, puisqu'il fait partie du quotidien. En effet, c'est pour gagner un revenu que les parents quittent la maison en vitesse chaque matin. On doit apprendre aux enfants que l'argent peut procurer de grandes joies mais aussi d'affreux cauchemars. On doit leur faire la preuve que combler un désir fugace est loin de la satisfaction des besoins essentiels. Cet apprentissage ne se fait qu'au fil des jours et des événements, de la même manière qu'on inculque la bonté, le respect, l'ouverture à autrui.

Cela dit, nous ne comprenons pas pourquoi, dans certaines familles, tout le monde sait tout sur tout et, en particulier, sur les finances de chacun. Selon nous, il faut absolument éviter de tomber dans le piège de la pseudo-démocratie sous prétexte que « chez nous, on se dit tout, on est une famille ouverte ». Pour un enfant, le montant du revenu de ses parents est complètement immatériel. De toutes façons, ce sera toujours un gros chiffre pour lui. Que fera-t-il de cette information ? L'enfant n'a pas à connaître la richesse ou la pauvreté relative de ses parents, encore moins la valeur des actifs de la famille.

Nous croyons aussi que les enfants n'ont pas à connaître les détails des sommes investies pour lui dans des comptes d'épargne, des fonds d'études ni d'autres épargnes à son nom. Il est bien difficile, alors, de refuser une dépense jugée inappropriée par le parent si l'enfant crie qu'il a le droit de se l'offrir parce que *cet argent lui appartient*.

Il en est de même envers vos parents. Vous devez avoir le respect de leurs choix financiers. Tout connaître du patrimoine de ses parents vieillissants mais encore autonomes peut mener à la jalousie ou au désir de contrôle.

■ L'INSCRIPTION DES ENFANTS À LA NAISSANCE ■

Un nouveau citoyen est né

À l'époque où tous les petits Québécois étaient baptisés deux jours après la naissance, le geste amenait aussi l'inscription de l'enfant dans le registre de l'état civil puisque les autorités religieuses étaient dépositaires des registres officiels. Ce faisant, les parents avisaient le gouvernement de l'existence légale de leur rejeton.

À la naissance d'un enfant, vous devez obligatoirement déclarer l'arrivée de Bébé au Directeur de l'état civil du Québec. Finie l'époque où le baptême réglait tout ça pour vous ! On trouve le formulaire requis à plusieurs endroits : hôpital, Internet, CLSC, etc.

Cela dit, attention :

- Les **conjoints mariés ou unis civilement,** qu'ils soient de même sexe ou de sexe opposé, sont reconnus automatiquement comme parents de cet enfant. Donc, un seul parent peut signer la déclaration pour que les deux partagent les droits parentaux.

- Les **conjoints de fait** ne jouissent pas de cette présomption. Dans ce cas, *les deux parents* doivent signer la déclaration de naissance de l'enfant pour se voir reconnaître leurs droits parentaux.

- Vous disposez d'un délai de 30 jours pour faire la déclaration. Passé ce délai, vous pourrez toujours procéder, mais des frais seront alors exigés, en fonction des délais courus.

- En déclarant la naissance rapidement, non seulement vous économiserez, mais vous pourrez rapidement obtenir pour l'enfant les documents officiels qui vous faciliteront la vie : carte d'assurance maladie, carte d'assurance sociale, passeport, etc.

■ LA SÉCURITÉ FINANCIÈRE DU CONJOINT AU FOYER ■

À bas la dépendance!

Le rythme de la vie moderne et l'utopique conciliation travail-famille vous ont fait déserter le marché du travail pour vous consacrer à votre petite famille, et votre conjoint vous soutient. Cette décision vous appartient, mais attention! Vous démissionnez de votre gagne-pain, mais pas de votre autonomie financière.

Un dialogue ouvert s'impose à propos de l'apport financier de chacun. Maintenant que les revenus de la famille reposent sur les épaules d'un seul conjoint, comment répartirez-vous les dépenses et les décisions d'achat? Les possibilités sont nombreuses. En voici trois qui nous semblent équitables.

Scénario 1

D'entrée de jeu, puisqu'une famille se fonde à deux, un coussin financier doit être constitué par le couple dans les mois précédant l'arrêt de travail. Ce fonds servira exclusivement au conjoint restant à la maison, comme gage d'autonomie. Il est toujours un peu gênant de demander 50$ à sa douce moitié pour lui acheter son cadeau d'anniversaire.

Scénario 2

Anne a toujours religieusement cotisé 2000$ par année à son REER. C'est la somme nécessaire que son conseiller financier lui a recommandé d'investir, se basant sur l'évaluation de ses besoins à la retraite. Anne et son conjoint ont décidé que pour fonder une famille, un arrêt de travail d'au moins cinq ans est primordial de la part d'un des conjoints. C'est Anne qui restera à la maison.

L'impact financier de cette décision sur les projets de retraite d'Anne est un manque à gagner de tout près de 87551$, c'est-à-dire les 2000$ annuels qu'Anne ne cotise pas de l'âge de 30 ans à 35 ans, à un taux de rendement hypothétique de 7%.

En toute équité, le nouveau papa devrait souscrire cette même somme, 2 000 $, dans un REER de conjoint au nom d'Anne. Il déduira de son revenu le montant investi, mais le dépôt appartiendra à maman.

Scénario 3

À la fin de votre congé de maternité, vous décidez finalement de prolonger votre interruption du travail pour une période de six mois supplémentaires. Une petite somme peut toujours être retirée de vos REER, même si nous n'envisageons cette solution qu'en dernière instance. Les raisons motivant ce geste permettent d'éviter un trop grand endettement ou, tout simplement, de garder un minimum d'autonomie financière. Quoi qu'il en soit, nous ne cautionnons pas ici le décaissement du REER sans réfléchir mais, s'il le faut, au moins, n'attendez pas votre retour au travail à temps plein. L'impôt à la source sera moins coûteux si vous décaissez un REER alors que vous n'avez pas de revenu.

■ **LES PRÊTS AUX ENFANTS** ■

Gare au *love money*

Votre aîné a besoin d'un coup de main financier. Il vous assure qu'il est prêt à vous « signer des papiers » et qu'il vous remboursera « aussitôt que ça ira mieux ».

Que faire quand un de vos enfants vous voit comme une banque ? Tout dépend d'abord du montant du prêt.

- *Un petit montant.* Il vous demande de lui avancer quelques dollars en attendant sa prochaine paie. En général, vous savez si vous pouvez espérer revoir la couleur de votre argent. Chose certaine, vous ne risquez pas votre sécurité financière.

- *Un montant plus important.* Si le montant s'élève à quelques centaines, voire quelques milliers de dollars, peut-être jugerez-vous que la reconnaissance de dettes n'a pas besoin d'être notariée, mais assurez-vous au moins d'écrire les conditions de remise sur papier. N'oubliez **jamais** que le cœur et l'argent ne font pas toujours bon ménage.

- *Un montant majeur.* Qu'en est-il lorsque votre enfant vous demande une mise de fonds pour acheter une maison ou démarrer une entreprise? Dans ce cas, n'hésitez pas à faire appel à un notaire pour officialiser et légitimer la transaction: montant prêté, taux d'intérêt alloué et conditions de remboursement. Et si votre jeune paraît réticent à cette idée, posez-vous des questions sur sa bonne volonté.

Chose certaine, quelle que soit la situation, votre enfant doit être avec vous le plus limpide possible. Il doit accepter de vous ouvrir ses livres et avoir assez d'humilité pour écouter vos conseils. Peut-être y a-t-il une solution qu'il n'avait pas encore envisagée?

Et surtout, ne cédez jamais au chantage. Des phrases telles que «Vous en avez, vous autres, de l'argent, vous attendez pas après pour vivre» ou «Tu peux bien attendre un autre mois avec tout ce que t'as de collé» sont inacceptables.

■ LE NOM DE FAMILLE D'UN ENFANT ■

Alexis-François Désormeaux-Lafontaine (et c^{ie})

Certains pensent que dans quelques générations, les noms de famille composés seront tellement longs qu'on ne s'y retrouvera plus. Pourtant, la règle est claire: les parents peuvent donner à leur enfant soit le nom du père, soit celui de la mère, ou encore un hybride des deux, avec un maximum de deux noms de famille. C'est clairement exprimé dans le Code civil!

LES SCÉNARIOS POSSIBLES

Francis Marin et Audrey Gouin ont donné naissance à Benjamin. Ils ont choisi de lui faire porter les deux noms.

De leur côté, Louis-Joseph Dieumegarde et Annabelle Lemoyne ont défié les réticences de leurs familles respectives en s'épousant le jour du baptême de leur aînée, Églantine.

Le jour où ces deux enfants décideront eux-mêmes de fonder ensemble une famille, leur rejeton sera-t-il affublé de tous les noms ? Non, car seuls certains choix sont possibles : Opale Marin, Opale Lemoyne ou un autre patronyme de ses grands-parents, ou encore un hybride de chaque nom des parents, par exemple Opale Dieumegarde-Marin ou Opale Lemoyne-Gouin.

Pas de doute, les généalogistes trouveront bien d'autres raisons de se casser la tête !

■ LE RÉGIME ENREGISTRÉ D'ÉPARGNE-ÉTUDES (REEE) ■

Un produit vraiment amélioré, pas seulement un savon qui lave plus blanc

En 1998, le gouvernement fédéral a décidé d'aider les familles canadiennes. Au lieu de modifier une politique existante pour la rendre plus « nataliste », certains hauts fonctionnaires ont plutôt misé sur la réfection d'un programme existant : le régime enregistré d'épargne-études (REEE). Cette initiative a littéralement redonné vie au programme.

Voici 4 choses intéressantes qu'il faut savoir au sujet du REEE :

1. Tout adulte ayant à cœur les futures études d'un jeune qui lui est cher peut profiter des nouveaux avantages et de la facilité d'usage d'un REEE. Pas juste ses parents !

2. Une contribution à un REEE entraîne automatiquement une subvention de l'État de 20 % de la somme investie (pour les premiers 2 000 $ déposés), soit une aide de 400 $ maximum par enfant. Cependant, la cotisation annuelle maximale permise au REEE est de 4 000 $ par enfant.

3. Les sommes investies dans un REEE capitalisent à l'abri de l'impôt. Le contractant ne sera pas imposé sur chaque dollar de profit, contrairement à toute autre forme d'épargne qu'il ferait dans le même but. Attention : les cotisations ne sont pas déductibles.

4. Les dépôts au REEE peuvent provenir de plusieurs sources. Les grands-parents, oncles, tantes, marraine et parrain, tout ce beau monde peut décider de faire faire un retrait automatique dans son propre compte de banque, pourvu que le plafond total de 4 000 $ par année ne soit pas dépassé.

Il n'y a pas d'engagement de cotisation obligatoire. Lorsqu'il y a cotisation, il y a subvention de la part de l'État. Une année, vous donnez 2 000 $ et l'année suivante, 500 $. Seront donc ajoutés, par le gouvernement, 400 $ pour l'an 1 et 100 $ pour l'an 2.

Prenez garde, toutefois : certaines compagnies ont créé des régimes collectifs qui demandent de vous engager à verser des cotisations obligatoires pendant un nombre d'années prédéterminé. L'interruption de cet engagement est possible sous certaines conditions. Il en va de même pour la prime mensuelle devant être versée, mais la cessation du paiement coûte cher.

Nous n'aimons vraiment pas ce genre de produit. Que fait-on quand un coup dur rend la facture d'épicerie prioritaire à la contribution au REEE ?

? QUESTION À 100 $

Mon mari et moi vivons en famille recomposée avec trois enfants issus d'unions antérieures. Existe-t-il un moyen de tirer partie de cette situation, financièrement parlant?

✔ RÉPONSE À 1 000 $

Vos enfants ont le bonheur et le privilège d'avoir quatre grands-mères qui les aiment? Souscrivez un régime enregistré d'épargne-études (REEE) et dites-leur que le gouvernement fédéral verse une subvention équivalant à 20 % de toutes les contributions qui y seront injectées.

Donc, si la chambre de votre bébé est remplie d'une infinité de toutous et sa commode, de trop de pyjamas identiques, expliquez aux huit grands-parents que les cadeaux en argent entraîneront automatiquement un investissement parallèle pour les études futures de Junior.

Puisque notre société crée maintenant des familles à multiples exponentiels, pourquoi ne pas adapter aussi nos mœurs et profiter des programmes financiers gouvernementaux? Il n'y a rien de mal à trouver quelques enveloppes au pied de l'arbre de Noël à côté des boîtes de jouets.

■ UN REER DÈS L'ÂGE DE 18 ANS ■

Un cadeau original

Quand il atteint 18 ans, votre enfant arrive à une étape importante de sa vie. Souvent, on veut souligner l'événement en offrant un cadeau original. Il a déjà un bel ordinateur et tous les logiciels imaginables, un vélo de qualité, des vêtements pas mal chouettes, finalement... il a tout, cet enfant-là! Si l'inspiration vous manque, pourquoi ne pas ouvrir un compte REER en son nom et y déposer symboliquement 250 $ ou 500 $?

Après tout, bien des adultes autour de lui parlent de REER à un moment ou à un autre à de l'année, souvent en s'arrachant les cheveux sur la tête. En recevant un placement REER à son nom, aussi petit sera le montant, l'impression de « passage au monde adulte » sera plus significative pour le jeune. Le cadeau incitera peut-être le réflexe d'économiser. Ne vous reste plus qu'à lui rappeler que le REER n'est pas seulement pour la retraite, quoi qu'en disent les chroniqueurs de finances personnelles !

En effet, le REER peut être utilisé pour toutes sortes de très bonnes raisons, à différentes étapes de la vie. Voici notre *top* 5 des « autres utilisations » tout à fait intelligentes d'un REER :

1. *À l'achat d'une première propriété.* Le programme RAP permet d'utiliser jusqu'à 20 000 $ des économies investies dans un REER. L'impact des sommes d'argent ainsi versées décuple la valeur du cadeau reçu. Votre jeune peut dès maintenant visualiser l'achat d'une maison bien à lui.

2. *À l'occasion d'un retour aux études.* Une autre option donne accès au REER avant la retraite : le Régime d'encouragement à l'éducation permanente (REEP). Pour effectuer un retour aux études, on peut encore une fois retirer jusqu'à 20 000 $ de son REER, avec un maximum de 10 000 $ par année. Fiston terminera peut-être enfin son fameux certificat en architecture, car il en aura la possibilité financière.

3. *Dans le contexte d'un congé de maternité.* Les sommes d'un REER retirées au cours d'une année sans revenus seront peu ou pas du tout imposées. Votre fille, enceinte jusqu'aux yeux, sera peut-être bien contente du cadeau de ses 18 ans qui lui semblait si terne à l'époque.

4. *Lorsque les déductions fiscales seront enfin utiles.* Une contribution au REER génère un reçu d'impôt. Rien dans la loi n'oblige à déduire cette cotisation dans l'année en cours. Pour Junior, qui occupera sous peu son premier travail à salaire décent, il serait fort judicieux d'avoir conservé toutes ces déductions et de les appliquer lorsque son revenu imposable passera à un échelon supérieur.

5. *Parce qu'il y a le feu au lac.* Évidemment, aucun planificateur financier sensé ne vous dira une telle chose, mais nous pensons sérieusement que, dans les situations limites, il ne faut pas hésiter à décaisser une partie du REER. Qu'est-ce qui est le plus important ? Nourrir la petite famille aujourd'hui ou crever de faim parce que vous voulez protéger le pécule réservé pour les « vieux jours » ?

■ LES FRAIS DE GARDE ■

Le plus vieux garde les plus jeunes

Votre aîné est majeur ? Si vous lui confiez la garde de vos plus jeunes (vous seul savez si c'est une bonne idée), vous pouvez le rétribuer pour ce travail et recevoir des reçus officiels de garde d'enfants. Vous payez donc Charlot, votre aîné de 18 ans, chaque jeudi soir lors de votre cours de baladi, pour qu'il veille sur les jumeaux de 5 ans. Charlot vous émet un reçu de frais de garde que vous déduisez de vos revenus.

Cette déduction devrait être appliquée au parent dont le revenu est le plus bas.

? QUESTION À 100 $

Mes enfants ont 16 et 18 ans. Ma fille suit des cours de danse à l'école dans le cadre d'activités parascolaires et mon fils, un cours de musique. Est-ce que les frais d'inscription à ces cours me donnent droit à des déductions fiscales ?

✔ RÉPONSE À 1 000 $

Pour des cours suivis dans une institution d'enseignement reconnue, les frais d'inscription engagés se qualifient, au fédéral, comme crédits pour frais de scolarité admissibles et peuvent être transférés aux parents.

■ LES TRANSFERTS DE REER ■

Comment ne pas ajouter le ministère du Revenu à la liste de vos héritiers ?

Comment, en planifiant ses dernières volontés, une personne peut-elle demeurer juste et équitable envers un nouveau conjoint alors qu'elle a déjà des enfants d'une union précédente ? Voilà une question qui revient souvent dans le contexte de nos pratiques professionnelles respectives.

Stéphane, 47 ans, divorcé et père de trois enfants mineurs, vit depuis huit ans avec Michelle, 42 ans, célibataire sans enfant. Leurs actifs respectifs se composent de meubles, de deux autos, de quelques milliers de dollars d'économies, d'un peu d'assurance vie au travail et de REER.

Ils songent à planifier leur succession et faire rédiger leur testament. Le problème est entier dans le cas de Stéphane : comment avantager Michelle, minimiser l'impact fiscal et quand même sécuriser ses enfants ?

Bien sûr, Michelle est autonome et pourrait fort bien se débrouiller pour repartir avec son « petit bonheur » dans l'hypothèse où la succession de Stéphane serait entièrement dévolue à ses enfants. Mais est-ce vraiment juste ? Depuis le début de leur cohabitation, Stéphane, en partageant les dépenses avec Michelle, a réussi à accumuler plus de fonds dans son REER que s'il avait vécu seul.

D'autre part, si Stéphane lègue son REER à ses enfants, ce montant devra être inclus dans sa déclaration fiscale de l'année du décès et sera donc largement amputé.

Par ailleurs, l'assurance vie collective cessera avec son départ à la retraite ou s'il quitte son emploi, et son assurance vie individuelle de 25 000 $ est insuffisante pour couvrir les besoins éventuels de ses enfants.

Notre solution

Le cas de Stéphane et de Michelle est loin d'être unique. Dans son testament, Stéphane devrait inclure les clauses suivantes :

1. Le contenu de l'appartement devrait être laissé à Michelle, à l'exception de certains effets personnels et souvenirs que Stéphane pourra spécifier et qui seront remis à ses enfants.

2. L'assurance vie et les économies devraient d'abord servir à couvrir les dettes de consommation et les frais inhérents au décès de Stéphane. Une fois ces comptes réglés, toute somme restante pourra être léguée aux enfants.

3. Le total des REER devrait être légué à titre particulier à Michelle, qui aura la responsabilité de verser aux enfants une somme équivalente à celle qu'ils auraient reçue s'ils en avaient hérité, soit le montant total moins les impôts applicables, plus une petite bonification de quelques centaines ou milliers de dollars.

Michelle transférera donc le plein montant dans son propre REER, et on lui accordera par testament un délai raisonnable de quelques années pour verser la somme aux enfants. Ainsi, Michelle bénéficiera de l'accroissement de valeur du REER à l'abri de l'impôt et d'une meilleure retraite.

De plus, tant et aussi longtemps que les enfants n'auront pas reçu la totalité de la somme qui leur revient, ils demeureront les bénéficiaires désignés **irrévocables** du montant transféré à Michelle. Si cette dernière décède, ils recevront ce qu'ils auraient eu au décès de leur père et, de son vivant, Michelle ne pourra pas disparaître dans la nature en encaissant les REER reçus de Stéphane.

■ LES JEUNES ET LA BOURSE ■

On ne «joue» pas avec l'argent

Votre enfant veut investir à la Bourse ? Nous croyons que c'est une erreur de le laisser faire.

Lorsqu'on traverse un marché haussier, il est bien tentant de monter dans le train de la spéculation, quel que soit notre âge ou notre connaissance de la Bourse. Il faut donc vous assurer de calmer les ardeurs de vos enfants. Rappelez-vous qu'une embellie boursière ne dure jamais éternellement. Votre jeune pourrait être échaudé en voyant ses premiers placements perdre la moitié de leur valeur initiale.

Comme après sa première chute à vélo ou la première vague qui l'a renversé à la mer, la peur s'installera. Le risque est grand que votre enfant devienne pépère avant son temps et investisse toute sa vie dans des placements trop conservateurs.

On ne «joue» pas à la Bourse. On *investit* à la Bourse. On ne joue pas avec l'argent. On *investit* son argent. Et à nos yeux, l'art de l'investissement commence par la **connaissance.** Pas par du *gambling*. Nous en profitons pour vous proposer un excellent livre sur la manière d'aborder le sujet de l'argent avec vos enfants : *Comment parler d'argent avec mon enfant,* de Gail Vaz-Oxlade. En voici un extrait relié au sujet de cette capsule.

J'ai rencontré dernièrement une femme dans la trentaine qui avait un point de vue très intéressant sur les placements pour ses enfants. En parlant avec elle, je me suis bien rendu compte qu'elle savait exactement ce qu'elle faisait. ⅲ➡

Elle m'a également parlé de sa façon d'investir pour ses enfants. Elle achète des actions de sociétés que ses enfants connaissent, comme McDonald's. Lorsqu'elle les amène manger chez Ronald, elle leur fait remarquer qu'ils sont en partie propriétaires du restaurant.

C'est l'un des meilleurs moyens d'intéresser les jeunes aux placements. En établissant un lien entre les placements et les produits ou services que votre enfant utilise, vous pouvez l'initier au concept de la propriété et des placements.

■ L'ARGENT DE POCHE ■

Comment créer le parfait petit consommateur?

On dit que l'âge de raison, c'est sept ans. Nous croyons que l'âge de raison sur le plan financier se situe plutôt autour de 10 ans. Les enfants doivent bien comprendre que recevoir une allocation est un **privilège** et non un droit et qu'une telle allocation peut être interrompue suivant les aléas de la vie. Comme la paie de papa et de maman.

Même si l'enfant gaspille tout ce qu'il reçoit, il va faire ses propres erreurs. Cela pourrait avoir des conséquences positives et le mener à établir un budget variant économies et petits plaisirs.

Évitez comme la peste les avances sur les allocations, qui ressemblent un peu trop à notre goût à l'utilisation d'une carte de crédit. Si votre enfant n'apprend pas la différence entre un besoin et un désir et qu'il obtient toujours ce qu'il veut rapidement, vous lui montrez malheureusement que tous ses désirs peuvent être exaucés... et on sait que c'est loin d'être comme ça dans la «vraie vie»!

Montrez-lui à bien vivre avec la frustration de l'insatisfaction. Par exemple, demandez-lui d'attendre un mois pour le nouveau jeu vidéo que, évidemment, tous ses copains possèdent déjà. Ce qui lui laisse le temps d'économiser sur sa propre allocation une partie du prix d'achat. Son implication financière lui inculquera un sens de la propriété plus approprié : par exemple, l'idée ne lui viendra jamais d'échanger son jeu à 200 $ contre le nouveau CD des Cowboys Fringants. Il doit absolument apprendre à résister et à attendre, sans quoi, nous en sommes convaincues, il deviendra alors un candidat idéal à l'endettement.

Pour gérer son argent de façon responsable, l'enfant doit recevoir, sur une base régulière, un revenu sur lequel il peut compter. La gestion d'une rentrée de fonds régulière permet l'acquisition de compétences fondamentales, comme l'épargne, la planification et la fixation d'objectifs à court et à moyen terme.

Aussi, le versement d'une allocation doit être accompagné d'une discussion sur le rôle et le pouvoir de l'argent. Avoir de l'argent n'est pas le but ultime de la vie, il ne doit pas occuper toute la place, ce n'est qu'un outil pour obtenir du mieux-être et du bien-être. Vos enfants percevront l'argent comme le perçoivent ses parents : une fin en soi ou un outil de plus dans la vie.

Finalement, en éducation, l'allocation doit servir à inculquer la responsabilité financière et devrait être attribuée selon un rite de passage. Par exemple : « Lorsque tu auras atteint tel âge (10 ou 11 ans) comme ton frère, nous commencerons à te verser une petite allocation chaque semaine. Tu pourras l'utiliser comme tu voudras et nous t'aiderons à comprendre les bons et les mauvais achats. »

■ LES FRAIS MÉDICAUX ■

La maladie, ça rapporte

Les contribuables oublient souvent de regrouper tous les reçus de frais médicaux de la famille engagés au cours d'une année fiscale et de les utiliser pour la déclaration fiscale du conjoint qui a le **revenu net le moins élevé.**

La notion de *famille* est ici très importante. On parle de votre conjoint et de vos propres enfants, ainsi que des enfants dont vous avez la garde légale, évidemment, mais aussi de vos parents, grands-parents, neveux ou nièces, frères ou sœurs **pourvu qu'ils soient à votre charge.** La liste des frais médicaux acceptés est très longue ; prenez quelques minutes de votre temps pour l'étudier, cela en vaut la peine.

Ces renseignements sont disponibles chaque année dans les cahiers accompagnant les déclarations d'impôt en papier distribués entre autres dans les banques et les bureaux de poste, ou sur le site Internet des gouvernements fédéral et provincial.

■ PAYER LES ÉTUDES DE SES ENFANTS ■

La bonne cause n'est pas toujours celle qu'on pense

Doit-on oui ou non payer *toutes* les études de nos enfants, et tous les frais s'y rattachant ? La belle question !

Pour la plupart des parents qui peuvent se le permettre, assumer toutes les dépenses scolaires et parascolaires de leurs enfants est considéré comme un signe d'encouragement et de soutien, une sorte de symbole d'une contribution à leur succès futur dans la vie. C'est possible et, dans nombre de familles, c'est effectivement le cas.

Toutefois, il serait judicieux de tenir compte aussi du tempérament de l'enfant. En effet, pour certains jeunes, le fait de n'avoir pas à contribuer au financement de leurs études diminue la motivation. Parfois, ce manque d'intérêt se transforme en incitatif au décrochage.

Celui qui aura dû faire le choix de quelques privations dans ses dépenses personnelles afin d'aider ses parents à boucler le budget Études accordera probablement plus d'importance au fait de terminer et de réussir le programme scolaire entrepris. Il arrive que la facilité entraîne l'indifférence, voire l'oisiveté.

■ LA RÈGLE D'ATTRIBUTION FISCALE ■

Profiter des enfants, ce n'est pas de l'abus

Si vous vous qualifiez pour recevoir des prestations familiales (qu'on appelait auparavant « allocations familiales »), vous n'avez probablement pas d'argent à jeter par les fenêtres. Et encore moins d'argent à consacrer à des placements.

Toutefois, si vous avez une famille nombreuse, vous réussissez peut-être à mettre quelques sous de côté. En effet, le soutien financier du gouvernement suit mathématiquement le nombre d'enfants que vous avez.

Connaissez-vous ce qu'on appelle dans le jargon fiscal la « règle d'attribution » ? Celle-ci oblige une personne majeure à payer elle-même l'impôt sur les intérêts générés par un placement qu'elle a fait au nom d'un enfant mineur avec qui elle a un lien. Sinon, ce serait bien trop simple : tous les gens riches investiraient des sommes importantes au nom de leurs enfants plutôt qu'en leur nom et hop ! bye bye l'impôt !

Chose intéressante, cette règle fiscale ne s'applique pas si les intérêts proviennent de prestations familiales. Vous possédez un talent de gestionnaire imbattable ? Vous pouvez vous priver d'une partie de vos prestations familiales ? Profitez de cette exception prévue par la loi et investissez ces prestations dès la naissance de votre premier enfant. Encore une fois, vous serez surpris par le pouvoir de l'intérêt composé, même appliqué à de petites sommes.

? QUESTION À 100 $

Nos enfants sont encore mineurs, mais ils travaillent tout de même chaque été en plus de quelques heures le week-end. C'est notre manière de leur inculquer la valeur de l'argent et le sens de la responsabilité face aux besoins financiers de la famille. Nous aimerions cependant leur éviter l'embêtement des déclarations de revenus ; ils y arriveront bien assez vite. Y sont-ils obligés, dès le moment où ils gagnent de l'argent ?

✔ RÉPONSE À 1 000 $

Un enfant mineur gagnant le revenu d'un emploi à temps partiel ou d'un emploi d'été devrait compléter des déclarations de revenus chaque année. Il se créera ainsi des droits de cotisations futures à un REER. Il n'a pas à les utiliser tout de suite. Ces droits seront fort utiles lorsqu'il commencera sa vie active de travailleur et de contribuable. Les prestations familiales placées à son nom pourront servir comme cotisation au REER et généreront de beaux retours d'impôt. Cela adoucira ses débuts de contribuable.

■ LE COÛT D'UN TESTAMENT ■

Ça dépend...

Vous viendrait-il à l'idée de demander par téléphone :

- À votre garagiste : « Mon moteur fait tic, tic, tic. Combien cela va-t-il me coûter en réparations ? »

- À votre dentiste : « J'ai mal à une molaire, à droite, en bas. Combien allez-vous me facturer pour me soulager ? »

- À la boutique d'appareils électroniques : « L'image de mon téléviseur est floue. Est-ce que ça va me coûter cher de le faire réparer ? »

Dans le même esprit, les notaires du Québec reçoivent quotidiennement de nombreux appels d'éventuels clients désireux de savoir combien coûte un testament, un mandat, etc. Il est bien sûr possible de dresser une liste de tarifs indicatifs pour plusieurs services. Mais attendez-vous à ce que ces prix varient de façon substantielle en fonction de ce qu'exige votre situation personnelle.

Aucun tarif obligatoire n'est imposé aux notaires par leur ordre professionnel. Chacun est donc libre de facturer des honoraires en fonction de son expérience et de ses compétences. Notre meilleure recommandation : magasinez et faites-vous recommander des noms par vos proches. Une référencence vaut beaucoup mieux qu'un simple prix !

■ LA NOMINATION D'UN BÉNÉFICIAIRE MINEUR ■

Pour que vos enfants héritent... avant d'avoir 25 ans

Vous êtes divorcé depuis peu. Vous avez eu la sagesse de rencontrer rapidement votre assureur vie pour faire enlever le nom du bénéficiaire actuel de cette assurance (en l'occurrence, votre ex) et y faire inscrire le nom de vos enfants mineurs à la place. Bravo! Vous n'auriez certainement pas voulu mourir entre-temps et laisser cette somme importante en cadeau à quelqu'un que vous avez choisi de faire disparaître de votre vie.

Faisant preuve d'un bon sens de l'organisation, vous avez ensuite consulté votre notaire pour revisiter votre testament. Vous avez veillé à ce que vos enfants soient les seuls bénéficiaires de vos actifs. Vous vous êtes assuré que votre sœur assume la gestion complète de cet argent jusqu'à ce que vos enfants atteignent 25 ans, âge auquel ils auront le droit de toucher leur part d'héritage.

Nous vous félicitons de votre prévoyance. Mais vous avez quand même commis une grave erreur. En effet, le fait de nommer vos enfants comme **bénéficiaires désignés** sur votre police d'assurance vie aura une bien triste conséquence: la somme payable par l'assureur ne sera pas versée au liquidateur nommé dans votre testament pour qu'il l'utilise selon vos volontés. Elle sera plutôt remise au tuteur de l'enfant qui devra la gérer et la lui donner le matin où il atteindra l'âge de la majorité.

Ainsi, votre ex, devenue la tutrice d'office des enfants à la suite de votre décès, encaissera (au nom des enfants, bien sûr) le produit de l'assurance et sera désormais seule aux commandes. Est-ce bien ce que vous vouliez?

Évidemment, comme tutrice, elle devra produire annuellement un rapport au Curateur public en vue de justifier l'utilisation des revenus et du capital au bénéfice des enfants. S'il existait un doute sur son intégrité, des procédures seraient entamées pour assurer la protection du bien des enfants. Dans une situation limite, le tuteur peut se voir retirer sa gestion; le Curateur public a le pouvoir de contrôler les administrateurs des biens appartenant à des mineurs ou à des gens inaptes.

Évitez de vous retourner dans votre tombe. Veillez à ce que vos enfants, qui auraient dû être protégés jusqu'à l'âge de 25 ans, ne puissent dépenser le résidu du capital de l'assurance dès leurs 18 ans et faites inscrire «héritiers légaux», «succession» ou «ayants droit» comme bénéficiaires de votre assurance.

■ ASSURER SES ENFANTS ■

Dès la naissance, c'est encore mieux

Notre expérience professionnelle nous a convaincues qu'il n'est pas superflu de souscrire une assurance vie pour chacun de vos enfants, si possible dès leur naissance.

Nos 2 solutions

1. *Faire ajouter un avenant de protection familiale sur votre propre plan.* En choisissant cette option, vous réglez le plus important : l'assurabilité des enfants. La clause la plus fréquente est une assurance vie de 10 000 $ pour chaque enfant existant ou à venir. Oui, les enfants à naître auront droit automatiquement, sans questions médicales, à cette protection. De plus, à 18 ans, la plupart des assureurs offrent une majoration de la couverture jusqu'à 50 000 $, toujours sans preuve de santé.

2. *Souscrire pour chacun de vos rejetons une assurance individuelle.* En choisissant cette option, vous ajoutez aux privilèges ci-haut mentionnés les avantages suivants :

   - Vous avez la possibilité de les assurer pour un capital plus important dès leur plus jeune âge.

   - Vous les protégez aussi contre eux-mêmes. Combien d'adolescents se livrent à des sports extrêmes ou font l'expérience de petites substances illicites ? Ces éléments ont un impact sur l'assurabilité et peuvent faire en sorte qu'il y ait exclusion, surprime ou refus de la part de l'assureur lorsqu'ils voudront acheter de l'assurance plus tard.

   - Vous pourrez faire des économies intéressantes en souscrivant un plan combinant assurance et épargne à l'abri de l'impôt. Cette épargne servira de coussin financier pour la famille ou encore de fonds d'études.

LE CAS DE CHARLOTTE

Charlotte a développé une intolérance aux fruits de mer à l'âge de 16 ans. Sa première réaction allergique est survenue au moment où elle récurait les grosses casseroles de potage aux fruits de mer dans le bistro où elle travaillait l'été. Manque de pot, l'été suivant, c'est une grave allergie à la pénicilline qui s'est développée alors qu'elle prenait des antibiotiques pour une bronchite.

Enceinte, Charlotte accouchera bientôt. Fonder une famille est souvent l'élément déclencheur de la souscription d'une assurance. Dans le cas de Charlotte, sa demande aurait été surprimée, émise avec exclusion, voire refusée. Elle ne s'inquiète pas, car elle est propriétaire d'une assurance vie souscrite par sa mère il y a longtemps.

LE CAS DE MAXIME

Maxime souffre d'une maladie héréditaire. En réalité, il ne souffre pas du tout, car c'est une maladie du sang diagnostiquée qui ne lui cause pas vraiment de problèmes au quotidien.

Maxime est aussi un petit futé de l'informatique qui a demandé un prêt à la banque pour commercialiser un nouveau logiciel. Le créancier exige une protection d'assurance vie en garantie, s'assurant ainsi qu'il sera remboursé si Maxime décède.

Dommage pour Maxime, mais aucun assureur ne veut prendre le risque en raison de cette fichue maladie héréditaire. Tant pis pour l'ambition. Si ses parents avaient souscrit une assurance lorsqu'il était nouveau-né, il répondrait aux critères du créancier et pourrait donc commercialiser son logiciel.

■ LES HÉRITAGES PROPORTIONNELS ■

L'équité avant l'égalité

Par tradition, les parents, dans leur testament, ont toujours disposé de leurs biens en parts égales entre leurs enfants. La loi appuie bien la tradition puisque c'est exactement ce que le Code civil du Québec prévoit.

Mais est-ce vraiment toujours justifié ? N'y a-t-il pas lieu dans certaines circonstances de tenir compte de la réalité de la vie de vos enfants plutôt que du bon vieux principe d'égalité ?

Yvon et Micheline sont les parents de trois enfants maintenant majeurs et vaccinés. Deux d'entre eux ont fort bien tiré leur épingle du jeu et ont aujourd'hui des carrières et des situations financières enviables.

Le troisième, victime d'une grave maladie à la fin de ses études, n'a pu obtenir son diplôme et se promène depuis d'un bureau de spécialiste à un autre pour tenter de stabiliser sa santé, avec pour résultat qu'il cumule les pertes d'emploi et les dettes. Leur notaire leur a donc suggéré de modifier les proportions dans leur testament afin d'avantager de façon plus importante celui de leurs enfants qui, par ailleurs, n'aura pas dans la vie les mêmes chances que les autres.

De tels cas où l'un des enfants est dans une situation plus vulnérable que les autres sont nombreux. On peut penser à un enfant souffrant d'une légère déficience ou d'un handicap physique, ou à la femme monoparentale dont l'ex s'est habilement soustrait à la pension alimentaire.

Le fait pour les parents de décider d'avantager l'enfant défavorisé d'un pourcentage plus élevé que les autres est-il tellement odieux? Laissez-nous vous poser la question autrement: si l'un de vos enfants doit porter des verres correcteurs, vous sentez-vous l'obligation, par souci de justice, de payer des lunettes à tous vos autres enfants?

? QUESTION À 100 $

Ma fille de 30 ans et une copine désirent ouvrir un commerce de traiteur. Ses seules épargnes se trouvent dans un REER de 28 000 $. Peut-elle se servir de ses REER pour réaliser son rêve?

✔ RÉPONSE À 1 000 $

Il lui est possible d'utiliser son REER pour investir dans une petite entreprise incorporée en autant que l'investissement ne dépasse pas 25 000 $. Cependant, sa part d'actionnariat des actions votantes ne doit pas dépasser 50 %.

Si cette participation est de moins de 10 %, il n'y a pas de limite au montant pouvant être investi. (Les conseils d'un fiscaliste sont essentiels pour ce type de transaction.)

Qui disait, déjà, qu'un REER était seulement pour la retraite? Ou que les jeunes avaient d'autres choses à faire de leur argent?

■ L'UTILITÉ DES LEGS PARTICULIERS ■

Les bijoux aux filles et les outils aux garçons !

Vos enfants s'entendent bien entre eux. Après votre décès, en sera-t-il de même? Chose certaine, vous ne serez plus là pour tempérer la situation ou régler les querelles que le partage de vos biens pourrait susciter.

Au moment de préparer votre testament, songez à répartir vos actifs non monétaires (bijoux, accessoires de maison, effets personnels, etc.) de la façon que vous jugerez la plus appropriée selon la connaissance que vous avez de la personnalité et des désirs de vos héritiers.

M ariette, par souci d'équité, a légué par testament la totalité de ses biens en parts égales entre son fils Julien et sa fille Alexandra. À son décès, ses désirs ont été respectés et, tout comme son ameublement et ses effets personnels, ses quelques bijoux ont été également répartis entre les deux enfants. Le sautoir de perles et les boucles d'oreilles serties de rubis échus dans le lot de Julien ont évidemment fait le bonheur de Jasmine, son épouse. Mais, depuis le divorce de Julien, Alexandra n'adresse plus la parole à son frère, l'accusant d'avoir perdu à jamais des souvenirs de famille irremplaçables.

Mariette aurait dû léguer ses bijoux à sa fille et attribuer en compensation d'autres biens d'une valeur équivalente à son fils. Si Alexandra avait jugé bon d'offrir un souvenir à sa belle-sœur, notre expérience nous démontre qu'elle aurait assumé sa décision avec beaucoup moins de rancœur.

N'oubliez pas de nommer un liquidateur qui pourra prendre en charge tout le règlement de votre succession. Vous éviterez ainsi des déplacements collectifs à vos enfants, surtout si certains d'entre eux sont domiciliés à des heures de route ou que leur travail ou leur famille les rend très peu mobiles.

Idéalement, le liquidateur devrait être débrouillard, disponible, transparent et avoir un contact facile avec tous les héritiers. Il ne doit pas nécessairement cumuler les compétences d'un gestionnaire, d'un fiscaliste, d'un juriste, etc. Il pourra retenir les services rémunérés de tous les professionnels nécessaires pour l'aider dans l'accomplissement de sa tâche.

Par ailleurs, si vous estimez, en vous basant sur la quantité et la variété des actifs à transmettre, que sa tâche sera passablement lourde, vous pourrez prévoir qu'en plus du remboursement de ses dépenses et de ses frais de déplacement, il aura droit à un dédommagement. Il pourra alors s'agir d'une somme forfaitaire, d'un pourcentage de l'actif net ou encore d'un montant équivalent à son taux horaire normal pour le temps consacré aux affaires de la succession.

■ LE TRANSFERT DE LA MAISON AUX ENFANTS ■

Ce que cœur veut, ce que portefeuille peut

Nombreux sont les parents qui, arrivés à un certain âge, pensent qu'il serait judicieux de transférer la maison familiale aux enfants. Après tout, la maison est devenue bien trop grande pour eux et son entretien, tellement fastidieux!

Voilà qui tombe bien : les enfants ont toujours aimé ce beau bungalow, qu'ils considèrent tout indiqué pour élever leur famille en toute quiétude. Les parents auraient alors le loisir de s'installer dans un appartement convenant mieux à leurs besoins et la satisfaction de voir le patrimoine familial transmis à la génération suivante de leur vivant.

Autrefois, la grande maison et la terre agricole étaient ainsi cédées au fils aîné, tout à fait gratuitement. Celui-ci devait héberger, nourrir et soigner ses parents jusqu'au décès du dernier d'entre eux. Mais c'était *avant* que les familles plus restreintes s'installent en ville dans des habitations plus petites… et surtout *avant* que l'impôt ne se pointe le bout du nez.

Aujourd'hui, il faut considérer au moins deux éléments avant de procéder à un tel transfert.

1. *S'agit-il d'un immeuble locatif (duplex, triplex, etc.) ?*

Il est essentiel de vérifier si la disposition de l'immeuble entraîne une conséquence fiscale pour les parents. Les autorités fiscales considèrent que la transaction sera faite à la *juste valeur marchande* de l'immeuble, et ce, même s'il s'agit d'un don ou d'une vente à un « prix d'ami ».

G ilbert a acheté son duplex en 1983 au prix de 125 000 $. Sa valeur marchande est actuellement de 340 000 $. Son épouse et lui en ont toujours occupé le rez-de-chaussée, soit 50 %.

Leur fils Alain leur a fait une offre d'achat à 295 000 $, qu'ils ont acceptée, la trouvant satisfaisante et considérant également que c'est leur coup de pouce à l'établissement de ce jeune père de trois enfants.

Malgré cela, Gilbert devra calculer son gain en capital de la façon suivante :

Produit de disposition :	340 000 $	(juste valeur marchande)
- coût d'acquisition :	125 000 $	
	215 000 $	
- Déduction pour portion considérée comme résidence principale :	107 500 $	
Gain en capital :	107 500 $	

Gain en capital imposable : 53 750 $ (selon le taux de 2006)

Gilbert devra donc payer de l'impôt, à son taux marginal d'imposition, sur la somme de 53 750 $. Sans compter que, s'il avait vendu sa maison à un pur étranger au prix réel de 340 000 $, il aurait encaissé 45 000 $ de plus.

IIII➡

En outre, si Gilbert a choisi au fil des ans d'amortir fiscalement son immeuble, il faudra prévoir un déboursé additionnel au moment du transfert, puisque le fisc exigera de récupérer cette dépense. Si tel est le cas, le transfert pourrait quand même avoir lieu, mais dans tous les cas, il nous semble équitable que les impôts payables soient absorbés par Alain, en totalité ou tout au moins partiellement.

2. La maison était-elle entièrement payée ?

La plupart du temps, l'immeuble des parents est entièrement payé et les revenus de location couvrent toutes les dépenses qui s'y rattachent. Donc, les parents sont logés sans frais, ce qui ne sera plus le cas lorsqu'ils déménageront dans le super-appartement avec services qu'ils ont déniché.

Trop souvent, ces calculs ne sont pas considérés dans la décision de donner la maison aux enfants, et les dernières années de vie des généreux donateurs deviennent plus ardues qu'elles n'auraient dû l'être. Une fois le nouveau budget établi (en y incluant le futur loyer mais sans tenir compte des actuels revenus de la maison), de quelle somme les parents disposeront-ils pour vivre, se nourrir, se vêtir, se déplacer, payer leurs médicaments, changer leurs prothèses dentaires ou leurs lunettes, effectuer quelques sorties et... acquitter leurs impôts ? Devront-ils faire appel à la générosité de leurs enfants pour couvrir certains de ces besoins ? Ou pire, leur fierté fera-t-elle en sorte qu'ils se priveront ?

En réalité, ont-ils vraiment les moyens de donner la maison ? Si la réponse à cette question n'est pas un oui catégorique, alors pourquoi ne pas penser à une vente à prix réduit, s'ils peuvent se le permettre, ou encore une vente dont le prix sera payable sur plusieurs années ? Les enfants bénéficieront quand même d'une certaine gratuité, et les parents pourront s'installer paisiblement dans leurs nouveaux quartiers.

Et maintenant, que vais-je faire ?

« On se marie par manque de jugement.
On divorce par manque de patience.
Et on se remarie par manque de mémoire. »
André Roussin

« La seule tâche ménagère que la plupart
des couples partagent, c'est le lavage du linge sale en famille. »
Confucius

Quand ça ne va plus

On aimerait annoncer que, selon les statistiques, les divorces sont à la baisse... mais non. Raison de plus pour bien structurer vos rapports juridiques et financiers. Et puis le cœur cicatrise plus vite quand les problèmes d'argent n'attisent pas les frustrations.

Quand on pense rupture, trop de situations nous irritent :

▶▶ Les prises de position de l'entourage, les bons amis qui entretiennent la colère... On n'écoute personne quand on tombe en amour. Pourquoi le faire quand on rompt ?

▶▶ Les enfants qu'on prend en otage pour se venger de l'autre. « Si tu ne verses pas la pension à temps, tu ne verras pas les enfants en fin de semaine ! »

▶▶ Les enfants qui deviennent les messagers des parents : « Tu diras à ta mère…. » «Tu diras à ton père… » Haïssez-vous autant que vous voulez, mais en silence devant vos petits anges.

▶▶ L'industrie du divorce, qui incite à la recherche de l'avocat le plus *hot* en ville, reconnu pour son agressivité.

▶▶ Les séances compulsives de magasinage pour évacuer la haine ou la peine. Ce n'est pas votre ex qui ramassera le relevé de carte de crédit à la fin du mois. Qui pénalisez-vous ?

▶▶ Les situations qui demeurent nébuleuses, les cas non réglés. «La paix n'a pas de prix», dites-vous. Sachez que ce que vous laissez traîner finira certainement par la rendre très coûteuse.

▶▶ Les guerres juridiques sans fin visant l'obtention d'un bien pour lequel aucun des conjoints n'a pu justifier le droit de propriété.

▶▶ Et toute l'amertume qui minera les mois, voire les années à venir.

L'humain est ainsi fait : même s'il a aimé et qu'il a été blessé, il aimera encore. Une rupture bien menée, c'est possible, et c'est un bien meilleur terreau pour une future relation.

■ LA LOI SUR LE PATRIMOINE FAMILIAL ■

Qu'est-ce que ça mange en hiver?

Ah! la fameuse loi sur le patrimoine familial! On en dit bien des choses, mais qu'est-ce qu'elle a comme impact sur la vie des couples?

Sachez tout d'abord que c'est une loi d'ordre public. Cela signifie **qu'on ne peut y échapper lorsqu'on est marié ou uni civilement.**

Rappelons de quoi est composé le patrimoine familial : les résidences principale et secondaire occupées par la famille (ce peut être aussi un bateau ou une roulotte), l'ameublement qui s'y trouve, les droits accumulés dans tous les régimes de pension (régime de pension de l'employeur, REER, Régie des rentes du Québec) et les véhicules utilisés pour les déplacements de la famille.

Comme toute loi, elle comporte cependant quelques exceptions qu'il est bon de rappeler ici. Ne sont donc **pas soumis** à cette loi :

- les gens qui étaient déjà mariés à la mise en vigueur de la loi, le 1er juillet 1989 et qui, par un acte signé devant notaire, s'y sont soustraits avant la date fatidique du 31 décembre 1990.

- ceux qui, mariés avant le 1er juillet 1989, avaient déjà déposé au tribunal une requête en séparation ou en divorce ou qui avaient réglé tous les effets de leur séparation avant le 15 mai 1989.

- les couples non mariés ni unis civilement.

■ LE DIVORCE REND-IL LE CÉLIBAT ? ■

Non, c'est pas fini, c'est rien qu'un début...

Bon nombre de gens croient *avec raison* que le divorce a dissous leur mariage, mais *à tort* qu'ils sont alors redevenus célibataires. Erreur ! Le célibat, c'est comme la virginité : une fois qu'on l'a perdu, ça ne revient jamais.

Alors, la prochaine fois qu'on vous posera la question, répondez : divorcé(e), ou alors : « Je refuse de répondre sans la présence de mon avocat ! »

Nous vous le disons pour deux bonnes raisons très simples :

1. Il se pourrait que, malgré un divorce, il subsiste par jugement des obligations alimentaires potentielles à l'égard de votre ex.

2. Selon les dogmes de plusieurs religions, le mariage est l'apanage des célibataires uniquement, donc interdit aux divorcés.

Mais il existe plein d'autres raisons...

■ LE COMPTE CONJOINT ET LA COTE DE CRÉDIT ■

Tes dettes sont mes dettes !

Laisser traîner un compte conjoint après une séparation peut coûter très cher.

Yanick et Provence ont vécu en couple pendant 10 ans et se sont quittés en bons termes. Comme ils avaient acheté à deux une roulotte, un compte conjoint avait été ouvert, duquel étaient prélevés les remboursements du prêt contracté ensemble. ⅠⅠⅠ➡

Au moment de la séparation, Provence a préféré conserver les électroménagers (entièrement payés), en échange de quoi elle a cédé à
Yanick sa partie de roulotte (pas tout à fait payée). Bien sûr, elle n'a
plus mis un sou dans le compte conjoint.

Un an après la rupture, surprise : Provence se voit refuser une
demande de prêt pour l'achat d'une automobile, parce que son
dossier de crédit a une mauvaise cote. Elle apprend alors que Yanick
a perdu son emploi six mois auparavant et qu'il n'honore plus,
depuis, les paiements de la roulotte. Le compte conjoint est donc
constamment à découvert et des chèques sont retournés par la
banque aux différents fournisseurs, ce qui, évidemment, entache le
dossier de crédit des propriétaires du compte.

Provence aurait dû savoir que tous ses comptes, y compris son
compte conjoint de même que les marges et cartes de crédit communes, apparaissent sur sa fiche personnelle enregistrée au bureau
de crédit.

Les informations colligées dans les bureaux de crédit comme Equifax et
TransUnion sont disponibles pour consultation. Vous pourriez vérifier
(nous vous encourageons même à le faire) ce qui y a été enregistré à votre
nom. Après tout, c'est la qualité de votre crédit qui en dépend.

Equifax : 1 800 465-7166 (sans frais) ; www.equifax.ca

TransUnion : 1 877 713-3393 (sans frais) ; www.tuc.ca

Le mieux est de faire une demande écrite contenant les informations
suivantes : vos nom, prénom, date de naissance, adresse actuelle, copie de
pièces d'identité et signature.

Conclusion : vous vous séparez ? Séparez vos biens, séparez vos dettes,
fermez vos comptes conjoints et annulez vos cartes de crédit conjointes !

■ LA PROTECTION DU CONJOINT DU LOCATAIRE ■

Oui, ça existe !

Quand vous viviez en solo, votre petit trois et demie vous convenait parfaitement. Mais lorsqu'on le compare au beau cinq et demie de votre douce moitié, inondé de lumière et bien assez grand pour deux, votre petit appartement ne fait pas le poids. Vous n'hésitez pas une seconde : vous déménagez votre causeuse à côté de son divan, et vous filez le parfait bonheur depuis ce temps. Mais s'il y a rupture, que se passera-t-il ? Serez-vous à la rue ?

Dans une telle situation, votre conjoint pourrait mettre fin au bail sans vous demander votre avis, et vous n'auriez aucun droit sur le logement. Mais savez-vous qu'il existe une protection pour le conjoint d'un locataire ? Il serait sage d'envoyer au propriétaire un avis écrit, par poste recommandée, lui signifiant que vous êtes bien le conjoint de Monsieur ou de Madame Locataire.

S'il y a rupture en cours d'année et que Monsieur ou Madame Locataire décidait de déménager à l'expiration du bail, vous pourrez bénéficier du droit de renouveler ce bail tout comme si vous en aviez été le signataire (très utile en période de rareté de logements locatifs). Probablement pour pouvoir y vivre avec vos vieux souvenirs... et votre nouvelle flamme !

■ LA RESPONSABILITÉ D'UN EX-PROPRIÉTAIRE ■

Une libération... conditionnelle

« Ouf ! J'ai enfin vendu ma part d'immeuble à mon ex. Je suis libre ! »

Oui, vous êtes libre, mais pas complètement, et pas tout de suite : à moins que votre ex ait procédé à un refinancement hypothécaire et que votre ancien prêt conjoint ait été remboursé, puis **quittancé** par la banque (c'est-à-dire « annulé » d'un point de vue juridique), ou à moins que votre institution financière ait émis un document stipulant que votre responsabilité personnelle était relevée, vous demeurez toujours endosseur de la dette. Et le créancier pourra en tout temps s'adresser à vous pour payer l'addition.

A lice rencontre Adam, bon vivant et menuisier de son métier. Celui-ci projette depuis longtemps l'achat d'un immeuble locatif mal entretenu mais avec « beaucoup de potentiel », pour une remise en état et une revente lucrative. « C'est mon métier, j'ai des rabais chez les fournisseurs, ce sera le pactole », dit-il.

Alice est enthousiasmée par le projet, et ils signent tous les deux l'emprunt hypothécaire. Adam est vraiment un excellent menuisier mais aussi un très bon vivant. Voilà que ses excès nuisent à la relation et que l'amour s'effiloche.

Alice vend sa part de propriété à Adam, bien officiellement chez le notaire, mais ne demande pas une quittance, c'est-à-dire la libération totale de son engagement face au prêteur.

Deux ans plus tard, comme Adam aime toujours autant la vie, il déclare faillite. Le créancier rapplique donc chez Alice. Elle doit décaisser des REER et utiliser toutes ses économies pour payer le solde du prêt, puisque son nom était toujours inscrit à la créance hypothécaire.

? QUESTION À 100 $

Léon et Martine sont mariés depuis 12 ans. Ils ont trois enfants. Ils divorcent. Pour éviter de se retrouver les mains vides si Léon décédait, Martine veut absolument qu'il maintienne son contrat d'assurance vie, qu'ils paient ensemble depuis des années. Elle fait donc prélever la prime dans son compte bancaire personnel. A-t-elle pris la bonne décision ?

✔ RÉPONSE À 1 000 $

Non! On ne doit jamais payer une assurance vie dont on n'est pas le propriétaire. Être «payeur» ne confère aucun droit automatique ni aucune certitude qu'on recevra les sommes dues par l'assurance au moment du décès.

Dans un tel cas, Martine devrait d'abord se faire céder le contrat, c'est-à-dire devenir **propriétaire** de la police d'assurance. Ensuite seulement, elle aura le pouvoir de désigner le bénéficiaire de son choix (en l'occurrence, elle-même ou ses enfants). Ainsi, elle seule pourrait changer le capital assuré ou le nom du bénéficiaire et elle contrôlerait elle-même le paiement des primes.

Martine éviterait donc que la nouvelle blonde de son ex parte pour les îles Canaries avec le produit de l'assurance qu'elle paie depuis 15 ans.

■ LA PRESTATION COMPENSATOIRE ■

« J'ai passé ma vie à travailler pour toi sans être payée ! »

On a tous entendu un jour l'histoire d'une femme qui a travaillé dans le commerce, le bureau, l'usine de son époux pendant plusieurs années sans toucher de salaire, par amour pour son mari et pour permettre à l'entreprise soi-disant «familiale» de prendre son essor à coûts réduits. Qu'advient-il à cette âme charitable le jour où son union prend fin ?

Jusqu'au début des années 80, l'épouse bénévole ne pouvait compter que sur la générosité des juges pour se faire attribuer un pécule, souvent trop maigre, en fonction du travail fourni. Un exemple typique : Rosaire est propriétaire unique d'un dépanneur, et Lucette y travaille comme caissière pendant de nombreuses années, sans salaire. Arrive un divorce : Rosaire conserve son commerce, et Lucette perd son boulot. Sans même la possibilité de recourir à l'assurance-emploi !

Pour éliminer ces scénarios d'horreur, la **prestation compensatoire** a été introduite dans notre Code civil et, au fil des ans et de la jurisprudence, elle est devenue une solution à bien des maux de tête.

La prestation compensatoire est une somme forfaitaire substantielle que le tribunal accorde au conjoint lésé pour compenser son labeur. Ce conjoint, écarté du bénéfice de l'entreprise, démontrera alors aux tribunaux que sa collaboration et son travail ont contribué à l'enrichissement de son ex-moitié.

La plupart du temps, il est assez facile de quantifier la valeur du travail accompli : nombre d'années de travail, horaires, définition des tâches accomplies, économie de salaire pour l'entreprise, valeur de la *business* au début et à la fin. C'est mathématique, finalement, et ce qu'il y a de mieux qu'avant, c'est surtout la reconnaissance que les tribunaux ont d'une telle participation.

La réciproque est également vraie. Simon qui aura été l'adjoint administratif impayé ou sous-payé au sein de la clinique médicale appartenant à Christiane bénéficiera du même recours.

Les modalités de paiement de cette prestation compensatoire sont établies selon les circonstances.

■ LA RUPTURE DOIT ÊTRE LÉGALISÉE ■

Faites du ménage dans vos papiers

«Tout ce qui traîne se salit.» C'est d'autant plus vrai lorsqu'il s'agit d'une situation matrimoniale. Se quitter sans régler définitivement et de manière légale les conséquences de la rupture sous prétexte de «laisser retomber la poussière» est dangereux. Bien sûr, le dialogue est difficile, voire impossible, le soir où vous annoncez à votre tendre moitié que son tendre corps ne s'étendra plus à côté du vôtre... surtout si vous avez déjà trouvé son successeur, qui prévoit emménager sous peu.

Karine est tombée follement amoureuse de Julien et a donc décidé de mettre fin à sa relation avec Luc – ils étaient mariés. Ça a évidemment été un choc pour lui. Ne voulant pas envenimer la situation, Karine a choisi de reporter à plus tard les procédures de divorce et le partage des biens acquis pendant le mariage. Une bien mauvaise idée : Luc, dans un esprit de vengeance, a quitté son emploi, retiré la presque totalité de son REER et fait de folles dépenses en utilisant à fond les cartes de crédit et la marge de crédit communes. Le jour où Karine a reçu l'appel de l'agence de recouvrement, il était un peu tard pour demander le partage du patrimoine familial. Quel patrimoine familial ?

Puisqu'ils n'étaient pas légalement divorcés, Karine et Luc étaient toujours mariés. Elle était donc responsable de la moitié des dettes du couple. En outre, puisque le REER de Luc n'existait plus ou presque, il était difficile d'en demander la moitié tel que le prévoit la loi sur le partage du patrimoine familial. Karine aurait dû amorcer rapidement les procédures de divorce pour enclencher le partage des biens reconnus comme faisant partie du patrimoine familial (maison et voiture familiales, REER, fonds de pension, etc.).

Attention ! Si vous attendez la cicatrisation complète avant de passer à l'étape du règlement de divorce, vous risquez d'avoir de drôles de surprises. Aussi pénible cela puisse-t-il être, ne négligez pas de régler définitivement vos rapports matrimoniaux à partir du moment où ils prennent fin.

■ LES PARENTS EN GARDE PARTAGÉE ■

Les enfants, eux, restent à la maison

Une nouvelle façon de vivre après le divorce semble de plus en plus populaire : on se sépare, mais juste un peu.

Les enfants restent de façon permanente dans le même lieu, c'est-à-dire dans la maison dite « familiale », pendant que les parents eux, déménagent selon l'entente négociée et les droits de garde.

En complément, il y a la formule Woodstock : les ex-conjoints se partagent un appartement loué aux deux noms qu'ils habitent chacun leur tour, les semaines où ils n'ont pas la garde des enfants. C'est en apparence une belle économie : un appartement au lieu de deux.

Cette façon de faire a un coût... psychologique. Il est évident qu'une telle opération part d'une bonne intention : ce ne sont pas les enfants qui ont divorcé, et ils doivent être le moins possible dérangés par la décision de leurs parents. Mais qu'en est-il des adultes ?

S'ils adoptent le fonctionnement exposé, ils ne sont pas vraiment séparés puisqu'il y a encore une vie commune. Que se passe-t-il quand l'après-rasage du nouvel amoureux traîne dans la salle de bains, quand la robe de nuit de madame fait encore vibrer monsieur, quand l'un des deux se retrouve à payer des réparations pour la maison (ou l'appartement) que l'autre ne veut pas rembourser, quand le ménage n'est pas fait ?

L'un des deux conjoints souffre toujours plus que l'autre de la séparation. Les frustrations accumulées entraînent des coûts humains et psychologiques très élevés qui ne sont pas compensées par les économies pécuniaires.

Peu de parents réussissent un tel exploit. Pensez-y avant de vous embarquer dans une telle galère !

■ LES CONJOINTS DE FAIT ■

«On l'a payé à deux, mais la facture est à son nom»

Pour les conjoints de fait qui n'ont pas de convention écrite, la rupture entraîne tout un casse-tête : pas évident de partager tout ce qui garnit le petit nid douillet ! N'oubliez pas : aucune mesure légale n'encadre la rupture des conjoints non mariés ni unis civilement. Chacun repart avec son REER, ses économies et ses biens.

Mais quelle preuve de propriété avez-vous sur tel ou tel bien ? Combien d'entre vous peuvent se vanter de posséder TOUTES les factures des achats effectués depuis le début de votre vie de couple ? Et puis, si vous les avez encore, avez-vous vérifié à quel nom elles sont libellées ? Peut-être avez-vous tout payé 50-50 mais que les factures sont libellées à un seul nom plutôt qu'aux deux ? En cas de litige, c'est la personne dont le nom est sur la facture qui sera jugée propriétaire du bien.

Par ailleurs, la rupture des conjoints de fait n'est pas admissible à des recours judiciaires, sauf en ce qui touche la situation de leurs enfants communs pour le paiement d'aliments et les détails de garde.

Posez les questions à vos conseillers en temps utile et organisez votre vie avant de vous faire organiser !

■ LA SÉPARATION EST IMMINENTE ? ■

Stoppez les cotisations au REER !

Si vous êtes légalement marié ou uni civilement et que votre union bat de l'aile, cessez immédiatement de cotiser à votre REER. Pourquoi ? Parce que le REER fait partie du patrimoine familial et que, pour cette raison, il sera divisé avec votre conjoint en cas de divorce.

En attendant, cotisez plutôt à des placements hors REER que vous transfé-rerez à votre REER après votre séparation ou votre divorce. Ce sera toujours ça de conservé.

■ **APRÈS UN DIVORCE** ■

Revisitez vos documents

Lors d'une séparation ou d'un divorce, une foule de documents qui ont une valeur juridique doivent être revus.

1. *Votre testament.* Bien que le divorce comporte automatiquement l'annu-lation des donations et des legs faits au conjoint, il se peut que vous décidiez de modifier votre choix de liquidateur, de tuteur pour vos enfants, etc. D'autre part, la rupture de conjoints de fait n'a pas le même effet que le divorce sur votre testament. Il est donc impératif d'y voir rapidement.

2. *L'assurance prêt hypothécaire.* Si vous avez souscrit l'assurance vie hypothécaire offerte par votre créancier, celle-ci sera automatique-ment résiliée par le transfert de votre part de propriété au conjoint ou à la vente de la maison, s'il y a lieu. Cependant, l'assurance personnelle souscrite auprès de votre assureur doit être modifiée pour changer le nom du bénéficiaire. Si vous possédez une assurance vous protégeant tous les deux sur le même contrat, celui-ci devra être transformé en assurance personnelle pour chacun d'entre vous. Par contre, si vous êtes propriétaire de votre propre couverture, vous pourrez changer le nom du bénéficiaire par une simple signature de votre part.

3. *Les assurances vie.* Au même titre que les assurances personnelles décrites ci-haut, il est important de réfléchir et de revoir à qui léguer maintenant l'ensemble de vos biens, sommes dues par les assurances comprises.

4. *Les protections au travail.* Trop souvent, nous avons vu des séparations se faire dans l'improvisation la plus totale. Comme s'il s'agissait de dire «bon voyage!». Ce que les gens oublient le plus souvent, c'est qu'ils possèdent une assurance vie au travail et un fonds de pension. La loi ne pourra présumer pour vous que vous avez quitté définitivement votre mari ou votre épouse. Et cette loi est très claire : le conjoint survivant hérite, à moins que d'autres dispositions n'aient été prises.

Ainsi, les désignations des bénéficiaires dans les assurances prêt hypothécaire, assurances vie, REER, régimes de pension d'employeurs, assurances collective au travail et tous les autres documents qui ont une valeur juridique doivent être revus.

Juste la pensée que le chéri d'antan puisse profiter de votre décès parce qu'une modification de bénéficiaire n'aurait pas été faite devrait être suffisante pour vous faire courir chez votre assureur et chez votre notaire.

■ LA MÉDIATION FAMILIALE ■

Donner à l'arbitre la responsabilité de trancher

Depuis le 1er septembre 1997, la loi québécoise permet aux conjoints séparés (mariés ou non) mais ayant des enfants de recourir aux services d'un médiateur familial lorsque des difficultés surgissent dans l'établissement des droits de garde, de la pension alimentaire ou de tout autre point litigieux, comme le partage des biens communs, entre autres.

Cette procédure peut également aider ceux qui doivent faire réviser un jugement déjà prononcé. Cette approche sert à transférer vers un professionnel la charge émotionnelle que représente la fin d'une vie à deux et aide à faire face à de pénibles obligations tout en tenant les enfants le plus loin possible des discussions désagréables.

Le médiateur familial est une personne impartiale dont le rôle est d'aider les conjoints à trouver une entente pacifique et équitable. Chaque partie peut donc lui exprimer ses attentes et ses besoins. Tous les couples, y compris ceux de même sexe, ont accès à ce service.

La médiation peut être entreprise de façon libre et volontaire par les conjoints tout comme elle peut leur être imposée par le tribunal si celui-ci le croit à propos.

Depuis l'entrée en vigueur de la loi, des médiateurs accrédités (notaires, avocats, psychologues, travailleurs sociaux ou conseillers en orientation) ont l'autorité pour agir. Vous pouvez vous adresser à l'un ou l'autre des ordres qui régissent l'exercice de ces professions pour être dirigé ou conseillé vers le médiateur qui vous conviendra le mieux.

Le gouvernement défraie, dans une certaine limite – il établit un maximum remboursable pour chaque séance de médiation, mais les tarifs changent régulièrement –, six séances de médiation pour les couples ayant des enfants, et trois séances dans le cas de révision de jugements existants. Voilà une excellente façon d'éviter de gaspiller le patrimoine de la famille en déchirements et frais de toutes sortes.

Lors de sa mise en place, le système comptait bien des détracteurs. Ceux-ci se sont maintenant ravisés et ont même, pour la plupart, carrément changé leur fusil d'épaule en constatant les succès remportés par les médiateurs, la souplesse des procédures et la rapidité des règlements entre les parties.

Évidemment, cela implique toujours une grande part de bonne foi. Ne croyez-vous pas que le jeu en vaut la chandelle ?

? QUESTION **À 100 $**

Lorsque vous avez un testament qui avantage votre conjoint, que se passe-t-il en cas de rupture ? Faut-il absolument que vous le fassiez refaire ?

✔ RÉPONSE **À 1 000 $**

La situation n'est pas la même pour les conjoints mariés ou unis civilement et les conjoints de fait.

- Les gens mariés ou unis civilement sont protégés en ce sens que la loi édicte que les legs faits au conjoint antérieurement au divorce sont révoqués par le jugement. Donc, ne vous faites pas de mauvais sang : votre ex, même s'il était l'unique héritier inscrit à votre testament, ne pourrait nullement le faire valoir à votre décès. L'avantage que vous lui aviez conféré est tout simplement annulé par le jugement de divorce.

- Les conjoints de fait, eux, doivent faire les modifications appropriées. Un truc, toutefois : au moment de la rédaction du testament, demandez à votre notaire d'inclure la condition de cohabitation pour que votre conjoint hérite. Ainsi, si la lune de miel est loin derrière au moment de votre décès et que vous ne saviez même plus si votre ex respirait, vous aurez au moins la certitude qu'il ne disposera pas de votre patrimoine.

Si on pensait un peu à nous, un peu à nous

« La vieillesse est comparable à l'ascension d'une montagne.
Plus vous montez, plus vous êtes fatigué et hors d'haleine,
mais combien votre vision s'est élargie ! »
Ingmar Bergman

« C'est merveilleux, la vieillesse. Dommage que ça finisse si mal ! »
François Mauriac

Faire chambre à part

Un philosophe a dit un jour : « Vieillir ensemble, c'est regarder dans la même direction. » C'est beau, mais nous ne sommes pas d'accord. Les torticolis sont permis.

Est-ce que les membres d'un couple qui ont 20, 30, 40 ans de vie commune doivent tout faire ensemble, aimer les mêmes sports, avoir les mêmes intérêts, développer une vision commune dans tous les aspects de leur vie ? Leurs années de vie partagée ont nécessairement fait grandir leur complicité. Mais si, un mois par année, Jean le sportif désire faire Saint-Jacques-de-Compostelle pendant que Jeannette la missionnaire accomplit son bénévolat au Pérou, quel mal y a-t-il ?

Les années d'intérêts communs forcés par l'éducation des enfants mettent souvent à rude épreuve la patience et le dévouement des parents. Lorsque la période d'abnégation reliée à la paternité et à la maternité s'achèvent, l'homme et la femme reprennent leur juste place et renouent avec leurs intérêts particuliers. En cheminant peu à peu vers la retraite, chacun voit la possibilité de réaliser enfin ses rêves ou de mettre en forme un projet longuement caressé. À nos yeux, la beauté d'un couple vieillissant ensemble, c'est justement sa capacité à se donner le champ libre et à se retrouver.

Nous avons déjà dit que nous n'aimons pas beaucoup les comptes conjoints. Nous prônons depuis toujours le respect de l'autonomie de chacun dans sa gestion financière. Idem à la retraite jusqu'au décès, et peut-être avec encore plus de vigilance maintenant que la proximité au quotidien est dans la plupart des cas encore plus grande. Bref, Jean le sportif et Jeannette la missionnaire peuvent bien faire ce qu'ils veulent chacun de leur côté avec leur argent. Se réserver de l'espace-temps individuellement empêche la perte de perspective et permet d'éviter les tensions et commentaires inappropriés en regard des décisions de l'autre.

Comme le disait si bien Jean Cocteau : « Le verbe aimer est le plus compliqué de la langue. Son passé n'est jamais simple, son présent n'est qu'imparfait et son futur, toujours conditionnel. »

■ LE FAMEUX REVENU NÉCESSAIRE À LA RETRAITE ■

À bas le terrorisme financier

Les projections du revenu nécessaire pour une retraite confortable dépendent de la signification que vous avez du mot **confortable.**

Ceux qui ont fondé une famille tardivement devront assumer des frais d'études pour leurs enfants même lorsqu'ils seront à la retraite. Souvent, ils rembourseront encore leur emprunt hypothécaire aussi. Ceux pour qui les voyages sont une nécessité auront des besoins financiers plus élevés que les gens plus casaniers... à moins de tomber sur un casanier maniaque de golf.

Chose certaine, les scénarios catastrophe du genre «Si vous ne commencez pas dès maintenant à investir 5 000 $ par année, et ce, pour les 35 prochaines années» sont à prendre avec un bémol. On s'évertue à démontrer combien il faut investir chaque année, à un taux de rendement X, pour obtenir le revenu désiré, inflation prévue incluse.

Laissons tomber les discours les plus répandus. Voyons plutôt quels sont les événements susceptibles de survenir entre l'âge de 25 et 65 ans.

• L'utilisation de votre REER dans le cadre des programmes RAP (Régime d'accession à la propriété) ou REEP (Régime d'encouragement à l'éducation permanente)

• Un divorce (donc partage du patrimoine familial)

• Le chômage (donc encaissement du REER pour survivre)

• Une faillite et la saisie du REER

• Un remariage, une famille reconstituée ou une nouvelle famille, donc moins d'économies pour la retraite

• Une diminution des cotisations prévues au REER ou un rendement des placements moins élevé que prévu

- La découverte de passions et de goûts particuliers ayant une grande incidence sur le portefeuille

- Un héritage espéré qui ne vient pas ou, au contraire, un héritage inattendu

- Une longue maladie ou des soins particuliers

Bref, il vous faut savoir en quoi consiste un placement enregistré, quels sont ses avantages sur le plan fiscal et le moment où vous pouvez les utiliser.

- Un placement est enregistré lorsque le capital jouit d'une protection fiscale, c'est-à-dire que le revenu que vous en tirerez ne sera pas imposé. Parfois, en l'occurrence pour un régime enregistré d'épargne-retraite, l'enregistrement permet aussi une déduction fiscale. Les produits enregistrés les plus connus, outre le REER, sont le régime enregistré d'épargne-études (REEE), le fonds enregistré de revenu de retraite (FERR), le compte de retraite immobilisé (CRI), le fonds de revenu viager (FRV) et le régime Actions-croissance PME, qui remplace le défunt régime d'épargne-actions (REA).

- S'il vous faut absolument retirer un REER, la déduction allouée devra être remboursée (ce qui est tout à fait correct afin de respecter une justice fiscale pour tous). Mais faites-le intelligemment, ce qui pourrait vous coûter moins cher. Un exemple d'inintelligence fiscale ? Encaisser un REER pour aller en voyage. Un REER n'est pas fait pour ça. C'est fait pour ne pas vous retrouver dépendant de l'État pendant vos vieux jours.

Économisez donc **régulièrement.** Un jour ou l'autre, ces économies vous aideront à faire face à toutes sortes d'imprévus. Et tant qu'à économiser, n'oubliez pas de le faire dans un REER : vous économiserez au moins quelques dollars d'impôt.

Par ailleurs, cessez de vous faire terroriser par le montant que vous devriez avoir accumulé à tel ou tel âge. Planifiez vos affaires, soyez réaliste et, surtout, pensez à tous les autres revenus dont vous disposerez outre votre REER : rentes gouvernementales, revenus de location, vente d'un actif, intérêts sur placements, travail d'appoint, héritage, etc.

Nous ne vous disons pas d'attendre béatement la retraite et de vous fier aux subsides de l'État. Mais nous en avons marre du discours d'une génération à la fois axée sur sa retraite et angoissée par elle.

Il n'est pas vrai que le principal sujet de conversation au cours d'un souper entre amis sera maintenant le revenu de retraite. Que la vue baisse et que les articulations font mal, nous voulons bien. Qu'on peut vivre sans sexe mais pas sans lunettes, ça va aussi. Mais que des amis se privent d'un voyage en Europe maintenant pour obtenir 100 $ de plus mensuellement dans 15 ans ? Pas question !

Le million de dollars que certains prétendent nécessaire à la retraite est un chiffre englobant vos rentes du gouvernement, votre régime de pension d'employeur, votre REER, vos économies personnelles, les revenus de votre triplex, la vente de la résidence familiale parce que vous habiterez à la campagne, et quoi encore ?

En 2006, un travailleur québécois de 65 ans reçoit mensuellement environ 850 $ du gouvernement provincial et tout près de 500 $ du gouvernement fédéral. Le régime de pension d'employeur s'ajoute à ces sommes. Si le travailleur n'avait pas de régime de retraite d'employeur, il lui fallait économiser une partie de son salaire en REER pour compléter les rentes gouvernementales. C'est la responsabilité tout entière de chacun, et tous les avantages fiscaux du programme incitent à le faire.

■ **LES ÉCONOMIES POUR LES VIEUX JOURS** ■

Charité bien ordonnée commence par soi-même

Quand est-on « vieux » ? Quand peut-on commencer à entamer ce magot (petit ou gros) qu'on a passé sa vie à mettre de côté ? Veut-on à tout prix continuer d'amasser de l'argent qui finira de toute façon dans la poche des héritiers ? Veut-on vraiment, de tout là-haut, les voir faire sans le moindre respect pour ces années de privations des dépenses folles à même l'héritage qu'on leur laisse ? Veut-on absolument ne pas profiter *soi-même* de ses économies ?

Sans prôner la prodigalité, il faut tout de même savoir doser la prudence inculquée par les générations précédentes. La sagesse, c'est aussi de savoir prendre soin de soi, de se faire plaisir et de profiter de ce qu'on a accumulé au fil des ans.

La sécurité, c'est bien beau. Laisser un héritage, c'est *ben l'fun*. Mais nous nous élevons contre ceux qui vous inciteront à ne jamais entamer votre capital et à conjuguer votre budget avec les revenus fluctuants (à la hausse ou à la baisse) de vos placements.

Vivez, bon sang ! Payez-vous la traite avant de ne plus avoir la santé.

Notre vision

1. *Vous avez des enfants ?* Vous avez déjà offert une belle contribution : vos enfants ont été bien nourris, éduqués et instruits. Ils vivent aujourd'hui leur vie d'une façon que vous n'auriez jamais crue possible dans ce monde de consommation rapide et abusive. Maintenant, il est temps de penser à utiliser le temps qu'il vous reste et la santé dont vous jouissez encore pour vous offrir la meilleure qualité de vie possible tout en respectant certaines normes de sécurité financière. D'ailleurs, à moins

de tout perdre au casino, il en restera quand même pour vos héritiers le jour où vous n'y serez plus. D'accord, le magot sera plus maigre, peut-être, mais il en restera tout de même.

2. *Vous n'avez pas d'enfants ?* Vous avez aussi fait votre part en impôts plus élevés et en taxes diverses tout au long de votre vie de travailleur. Le temps est venu maintenant de profiter de la vie. Vous avez peut-être la louable intention de laisser un héritage à un neveu que vous aimez, à une filleule attentionnée ou à une cause qui vous tient à cœur ? Belles pensées, certes, mais pas au détriment de votre confort et de vos loisirs.

■ LA RENTE DU QUÉBEC VERSÉE À 60 ANS ■

Profitez-en dès que possible

Si vous êtes à l'orée de la retraite et que vous en êtes à calculer vos revenus potentiels au jour 1 de cette retraite tant attendue, pourquoi ne pas retirer votre rente du Québec immédiatement ?

Que votre nouvelle vie débute à n'importe quel moment entre 60 ans et 65 ans, vous pouvez dès le jour de vos 60 ans faire la demande de cette rente à laquelle vous avez droit.

N'attendez pas d'avoir 65 ans sous prétexte que cette rente « sera plus élevée ». Un calcul mathématique et actuariel pourrait vous prouver qu'avec votre espérance de vie, cette somme est bien mieux dans vos poches dès l'âge de 60 ans que dans les coffres du gouvernement pour les cinq prochaines années.

Jouons avec les probabilités. La rente actuelle maximale qui est versée à 60 ans est de 591,21 $ par mois. Si vous attendez 5 ans de plus pour la demander, vous recevrez 844,58 $, donc 253,37 $ de plus. Mais vous vous serez privé de 15 202,20 $ pendant ces cinq années... Cela en vaut-il le coup ? Et si vous mourriez avant ?

Notre mot d'ordre : « Profitez-en maintenant, et plus longtemps ! »

? QUESTION À 100 $

À la retraite, les assurances vie ne sont plus nécessaires puisqu'il n'y a plus d'enfants à charge, donc plus de responsabilités. Alors pourquoi ne pas enfin penser à nous?

✔ RÉPONSE À 1 000 $

Pourquoi ne pas faire les deux, penser à vous et un peu aux autres?

1. *Soyez égoïste.* Souscrivez le plus rapidement possible une assurance maladie personnelle pour payer les médicaments que vous aurez probablement à prendre un jour, et une assurance pour les soins de longue durée. Celle-ci vous assurera d'une indemnité hebdomadaire dès que vous ne pourrez plus prendre soin de vous-même. Autrement dit, lorsque vous deviendrez dépendant de quelqu'un pour vos soins de base, organisez-vous pour avoir les moyens financiers de vous maintenir dans un environnement où vous avez un minimum d'autonomie. Il serait triste que votre REER et le profit de la vente de votre maison y passe et qu'ensuite, une résidence de personnes âgées anonyme et déprimante soit votre seul avenir.

2. *Pensez un peu aux autres.* Si vous possédez une assurance vie depuis longtemps, n'allez pas la résilier sans réfléchir. Peut-être que la diminution de la protection, en échange de primes moins onéreuses, serait votre solution. Une assurance vie apporte rapidement de la liquidité au décès, et votre liquidateur et vos héritiers vous en remercieront. Le produit de l'assurance servira à assumer toutes vos factures finales et, surtout, la note fiscale sur vos biens, s'il y a lieu. Réfléchissez avec votre comptable avant d'annuler une ancienne police d'assurance. Demandez-lui de vous faire un scénario d'impôt au décès.

■ VOS ÉCONOMIES À LA RÉGIE DES RENTES DU QUÉBEC ■

Une petite vérification s'impose

Tous les travailleurs québécois font des cotisations à la Régie des rentes du Québec (RRQ). Le prélèvement se fait directement sur la paie pour les salariés, et au moment de la déclaration de revenus pour les travailleurs autonomes. Ces sommes vous reviennent à votre retraite ou en cas d'invalidité, et un montant forfaitaire sera versé à votre succession à votre décès.

Avez-vous déjà pensé à vérifier si vos prélèvements sont bien arrivés à destination ? Sachez qu'il peut se glisser des erreurs, surtout en cette ère de travail autonome, de changement d'emploi et de sabbatique. Il vous suffit d'en faire la demande en remplissant et en expédiant un petit formulaire qu'on trouve dans les banques, entre autres.

- N'oubliez pas de vérifier si les retours au travail après un congé de maternité ou une année d'études sont bien inscrits, et si les salaires déclarés sont exacts.

- Le partage des rentes après une rupture ou un divorce doit aussi apparaître sur les relevés des deux ex-conjoints.

- La fraction qui ne s'est pas rendue à la Régie ne sera pas comptabilisée et entraînera un manque à gagner dans vos projets de retraite. Une petite vérification tous les cinq ans n'est vraiment pas une mauvaise idée.

■ LE FRACTIONNEMENT DE LA RENTE DU QUÉBEC ■

Partager, c'est mieux

Vous êtes à la retraite ? Votre conjoint aussi ? Si l'un de vous reçoit la presque totalité des revenus de la famille, y compris la rente du Québec, nous vous recommandons de **fractionner** celle-ci avec votre conjoint.

Comment ? Le conjoint recevant le revenu le plus élevé demande à la RRQ de diviser sa propre rente et de la redistribuer entre les deux conjoints. C'est donc celui dont le revenu est le moins élevé qui paiera de l'impôt (donc à moindre taux) sur le montant en question. Il n'est pas nécessaire que les deux conjoints aient cotisé au régime pour fractionner les rentes. Vous économiserez ainsi par la différence de taux d'impôt.

M onique a travaillé quelques années, et à temps partiel seulement, lorsque tous ses enfants ont été inscrits à l'école. Elle a donc peu cotisé au RRQ et, maintenant qu'elle et son mari sont retraités, elle reçoit 257 $ de rente provinciale.

Armand, son mari, a droit à la rente maximale, soit 844 $, à laquelle s'ajoute son régime de pension d'employeur. Et il n'a même pas encore touché à son REER. Le taux marginal d'imposition d'Armand est de 38 %, car il reçoit de toutes parts 39 500 $, tandis que celui de Monique est de 16 %. Si Armand demande le partage de sa rente, Monique restera encore à un niveau d'imposition moindre, et le couple en bénéficiera.

Voici comment se fait le partage des rentes du Québec : les rentes acquises de chacun des conjoints sont additionnées (257 $ + 844 $) pour être ensuite divisées également (1 101 $ divisé par 2 = 550,50 $). Le revenu de Monique passera de 3 084 $ à 6 606 $, et son taux marginal d'imposition n'en sera encore qu'à 16 %.

Au fait, preuve que la société évolue, cette possibilité de fractionnement de revenu s'adresse aussi aux conjoints de fait et aux conjoints de même sexe.

■ LE FRACTIONNEMENT DE REVENUS ENTRE CONJOINTS ■

On peut déduire des cotisations, même passé 69 ans

La limite d'âge pour cotiser à son REER est de 69 ans. Ce que plusieurs savent.

Toutefois, pour *déduire* une cotisation effectuée à son REER, c'est-à-dire se servir d'une cotisation faite et non utilisée lors d'une année précédente pour réduire son revenu de l'année en cours, un contribuable n'est pas limité par l'âge de 69 ans. Ce que moins de gens savent.

En effet, si vous avez des droits de cotisations inutilisés et que vous les utilisez **avant 69 ans,** ces sommes pourront être déduites de votre revenu même **après 69 ans.** L'important était de les déposer au REER avant l'âge limite. Petit à petit, vous pourrez ensuite déduire ces cotisations jusqu'à épuisement.

Les droits inutilisés sont justement des droits. Trop de contribuables oublient cette notion fiscale et n'utilisent pas à leur juste mesure les rarissimes cadeaux du fisc.

Yvon et Lisette, des retraités âgés respectivement de 61 et de 63 ans, décident de vendre leur maison pour s'installer au chalet en permanence. Cette vente génère un gain en capital libre d'impôt.

Ils ont assez de leurs rentes de retraite combinées pour subvenir à leurs besoins ; il ne leur est donc pas nécessaire d'utiliser tous les intérêts produits par ce capital investi. Cela dit, ils ont tous les deux une réserve importante de droits inutilisés à des cotisations au REER.

Nos 2 scénarios

1. *Yvon et Lisette se partagent le capital et paient l'impôt sur leurs intérêts respectifs.* Cette approche est correcte si les revenus de chacun sont semblables et que les intérêts sont imposés au même niveau.

2. *L'un d'entre eux ou les deux avaient toujours conservé une réserve de cotisations au REER non utilisées.* Le profit de la vente de la maison sera investi dans le REER ; toutes les cotisations non utilisées jusqu'ici seront couvertes. Cette transaction créera une banque de déductions futures pouvant être appliquées au revenu de chacun jusqu'à épuisement des déductions, et ce, même après l'âge de 69 ans. La notion de « revenu gagné » n'entre plus en ligne de compte, car il y a préséance d'un droit acquis sur les cotisations appartenant à un contribuable. À notre avis, il s'agit là du meilleur scénario à envisager.

Un scénario de secours en prime

Lisette n'a jamais travaillé ; seul Yvon reçoit un revenu. Toutes les cotisations non utilisées au REER d'Yvon peuvent être transférées au nom de Lisette dans un REER de conjoint (mais seul Yvon pourra les utiliser comme déductions). Ces sommes appartiennent maintenant à Lisette qui en tirera un revenu. Cela s'appelle du fractionnement de revenu, ou l'art de répartir sur deux contribuables et à un moindre niveau d'imposition la note fiscale normalement dévolue à un seul.

■ **LE FONDS ENREGISTRÉ DE REVENU DE RETRAITE (FERR)** ■

Le revenu peut retourner au REER

Les retraités de moins de 69 ans oublient trop souvent (ou ne savent pas, tout simplement) que le revenu d'un fonds enregistré de revenu de retraite (FERR) peut retourner au REER.

Il ne faut pas croire que, parce qu'on a commencé à retirer des sommes de son FERR, le REER est fermé à tout jamais. Il s'agit de deux produits distincts qui sont des vases communicants, dans un sens comme dans l'autre.

LE CAS DE JOSEPH

Joseph, retraité depuis quelques années, décide de conduire un mini-autobus scolaire quelques matins par semaine. Cette nouvelle rentrée d'argent fait en sorte que le revenu mensuel provenant de son FERR ne lui est plus essentiel pour boucler son budget.

Il ne sert à rien d'épuiser le capital du FERR et d'imposer ces retraits s'ils ne lui sont pas nécessaires.

LE CAS DE DANIEL

Daniel, jeune retraité de 56 ans, a dû faire une demande pour obtenir sa prestation d'invalidité de la Régie des rentes du Québec à la suite d'une rupture d'anévrisme. Il recevait déjà depuis deux ans un revenu de FERR complétant la pension de son employeur. Toutes ces indemnités reçues s'accumulent inutilement dans le compte de banque et sont imposées tout aussi inutilement, étant retirées d'un régime enregistré et ajoutées à sa rente d'invalidité. Après tout, personne n'a demandé à Daniel de régler les déficits de nos gouvernements à lui seul.

Sa conjointe Amélie a lu dans la dernière parution d'un magazine traitant de finances personnelles qu'avant l'âge de 69 ans, un retraité a tout le loisir de retransférer au REER le capital d'un FERR et de le remettre ainsi à l'abri de l'impôt tout en le laissant fructifier de nouveau.

Puisque la rente d'invalidité se terminera à 65 ans, Daniel devra réévaluer s'il est nécessaire de recommencer les retraits du FERR selon ses besoins financiers ou s'il est plus sage de laisser croître encore le capital jusqu'à la fin de l'année où il atteindra l'âge de 69 ans.

Ajoutons quelques éclaircissements à propos de l'après-REER. La loi vous oblige à transférer votre REER avant la fin de l'année de vos 69 ans dans un produit de décaissement : une **rente viagère** ou un **fonds enregistré de revenu de retraite (FERR).**

La rente sera contractée auprès d'une compagnie d'assurance ou de fiducie, et celle-ci vous versera un revenu régulier, fixe ou indexé à l'inflation, basé sur les taux d'intérêts en vigueur et votre espérance de vie. Votre capital est dès lors immobilisé et vous n'y avez plus accès.

Le FERR se gère de la même façon que votre REER : vous décidez des échéances et du type de produit qui vous convient, garanti ou non. Un retrait minimum est tout de même obligatoire, et toute ponction importante vient diminuer les années durant lesquelles le revenu vous sera versé.

■ LE REER DE CONJOINT ■

Un mécanisme à démystifier

«REER de conjoint» ne veut pas dire : «Cette année, je transfère une partie de mon REER à ma femme parce que ça me tente.» C'est un peu plus complexe.

Nos règles fiscales permettent à un contribuable d'utiliser *sa* cotisation permise au REER, mais dans un compte enregistré **au nom de son conjoint.**

Il ne pourra cependant verser davantage dans les deux REER (le sien et celui de son conjoint) que le maximum qu'il avait le droit de cotiser au cours de l'année en question. Mais c'est lui qui bénéficiera de la déduction fiscale pour les deux cotisations.

Par ailleurs, le fait que l'un des conjoints ait cotisé au REER de l'autre ne diminuera pas, pour ce dernier, le montant auquel il peut lui-même cotiser à son propre REER pour la même année.

Raja et Emmanuel travaillent tous les deux depuis quelques années, mais comme le revenu de Raja est beaucoup plus élevé que celui de son chum, ses droits de cotisation au REER le sont aussi. Elle a donc déjà accumulé un montant plus important qu'Emmanuel dans son REER.

Raja apprend qu'à la retraite elle paiera plus d'impôt qu'Emmanuel, car les revenus de retraite du couple proviendront essentiellement de ses propres économies enregistrées. Bref, une fois l'impôt payé, il en restera moins pour les dépenses du ménage.

Mais si Raja commence à investir dans un REER de conjoint comme cotisante, elle aura tout de même droit à la déduction pour sa déclaration de revenus dans l'année de la cotisation, mais l'argent appartiendra maintenant à Emmanuel. Elle réussira ainsi à rééquilibrer les revenus de retraite du couple.

Le **fractionnement de revenu,** en fiscalité, permet de répartir entre deux contribuables l'imposition trop élevée d'un seul contribuable. (Nous, nous appelons cela l'équilibre dans le couple !) Il y a tout de même des restrictions et des règles de prudence à respecter.

- *Pour les couples mariés ou unis civilement.* Aucun problème. Le « cadeau » sera réparti de toute façon lors d'un éventuel divorce, car les REER cotisés pendant l'union font partie du patrimoine familial. « Ton REER » et « mon REER » deviennent « notre REER ».

- *Pour les conjoints de fait.* Nous recommandons d'utiliser cette stratégie quelques années avant la retraite seulement. En effet, le Code civil ne vous protège aucunement quant à un éventuel partage. Ce qui est donné est donné.

- *Pour les conjoints de même sexe.* Vous êtes maintenant reconnus par la plupart des lois fiscales ou civiles. Un des conjoints peut donc contribuer à un REER de conjoint. Mais attention, en matière de fractionnement du revenu, les conjoints de même sexe qui ne sont pas unis civilement sont assujettis aux mêmes règles que les conjoints de fait.

◼ LE MAINTIEN À DOMICILE DES PERSONNES ÂGÉES ◼

Il vaut mieux vivre au Québec

Au Québec seulement, un crédit d'impôt est accordé pour inciter une personne âgée de plus de 70 ans à demeurer le plus longtemps possible à la maison si le recours à certains services auxiliaires lui évitent d'être un candidat au centre pour personnes âgées.

Ce crédit est égal à 23 % des dépenses admissibles. Il peut s'agir notamment :

- de frais payés à une personne ou à un organisme en échange de services (déneigement, tonte de pelouse, nettoyage de fenêtres) ;

- de dépenses incluses dans le montant du loyer (service de cafétéria, d'entretien ménager) ;

- de dépenses incluses dans les frais communs pour une personne habitant un condominium (conciergerie, entretien général).

Votre père de 75 ans a-t-il pensé à rendre certains frais admissibles à ce crédit ? Il doit conserver toutes ses factures ou demander un reçu pour les services rendus.

Au fait, vous habitez en condo ? Il est de la responsabilité des administrateurs de remettre, une fois l'an, à chacun des copropriétaires, un document énonçant la portion des frais communs admissible à cette déduction, en proportion de sa quote-part. Mais n'oubliez pas que cette déduction est aussi applicable à votre maison unifamiliale. Si votre petit-fils vient nettoyer vos fenêtres au printemps et déneige votre entrée tout l'hiver, il n'a qu'à vous remettre un reçu pour les sommes que vous lui avez versées. Le service d'entretien général qui démonte et remise votre abri Tempo est aussi admissible.

Le ministère du Revenu met une brochure à votre disposition comportant la liste des services donnant droit à ce crédit, de même que le formulaire à remplir et à joindre à votre déclaration fiscale.

? QUESTION **À 100 $**

Nous venons de faire l'acquisition d'un condo en Floride. Nos nouveaux voisins nous ont dit qu'il était très important de rédiger un testament sur place. Est-ce vrai? Devrons-nous encore dépenser pour un autre document même si nos testaments québécois sont récents et que nous laissons tout à nos enfants?

✔ RÉPONSE **À 1 000 $**

Ne vous en déplaise, il serait en effet très judicieux de rédiger un nouveau testament qui concernera vos biens acquis en Floride. La loi américaine ne reconnaîtra pas d'emblée vos documents juridiques du Québec. Encore faudra-t-il que votre succession fasse d'abord traduire ces écrits juridiques et en fasse reconnaître la validité selon les lois de l'État de la Floride. Combien de temps, pensez-vous, prendra cette première étape? Plusieurs mois. Et combien cela coûtera-t-il? Beaucoup plus cher que la rédaction d'un testament par un juriste floridien.

▓ LA DÉFINITION DU MOT « INAPTITUDE » ▓

Qu'est-ce que ça veut dire exactement?

Le Petit Larousse définit l'inaptitude comme étant **une incapacité à faire quelque chose.**

Le Code civil du Québec, quant à lui, indique qu'un individu a besoin d'être représenté lorsqu'il est «inapte à prendre soin de lui-même ou à administrer ses biens, par suite, notamment, d'une maladie, d'une déficience ou d'un affaiblissement dû à l'âge qui altère ses facultés mentales ou son aptitude physique à exprimer sa volonté».

Ainsi, une personne très lucide mais qui ne peut aucunement exprimer un consentement (une personne aphasique, par exemple) sera légalement considérée comme inapte.

En général, on a tendance à croire que seules les personnes ayant atteint un âge avancé peuvent devenir inaptes. Mais on oublie que l'inaptitude peut survenir à tout âge : l'accident de la route qui laisse un jeune adulte dans un état neurovégétatif ; l'accident vasculaire cérébral entraînant une paralysie ; la maladie qui, en phase terminale, confine le patient à un état où il n'a plus toute sa conscience ; ou un épisode de dépression qui altère momentanément le jugement.

En pareil cas, si la personne a signé un mandat en cas d'inaptitude, elle a par le fait même désigné le représentant qui va s'occuper de ses affaires et de sa personne pendant la période d'inaptitude.

Si elle n'a pas signé un tel document, les choses sont plus compliquées. La procédure requise nécessite la convocation et la tenue d'une assemblée de parents et amis, et la nomination d'un conseiller, d'un tuteur ou d'un curateur (selon le degré d'inaptitude) qui se verra attribuer un rôle d'administration et de protection. Résultat : des délais, des frais, des complications, beaucoup trop de monde à la table... et tant d'inquiétude !

L orraine, 44 ans, est directrice du marketing dans une grande agence. Elle vit en union de fait depuis près de 10 ans avec Jean-Marc, qui est dentiste. Ils n'ont pas d'enfants.

Leur dernier dada ? Le parachutisme. Il y a quelques semaines, ils se sont ainsi élancés en bas du Cessna de Charles, leur instructeur et ami, et personne ne peut vraiment expliquer pourquoi, à l'arrivée au sol, Lorraine s'est écrasée comme une masse inerte. Diagnostic des médecins : malaise probable au cours de la descente. Résultat : Lorraine est hospitalisée, inconsciente, branchée à une foule d'appareils, et aucun des spécialistes chargés de son cas ne peut prédire s'il y aura une quelconque récupération. ⅲ➡

Jean-Marc partage son énergie (ou ce qu'il en reste) entre les patients de sa clinique dentaire et les visites auprès de Lorraine. Il consulte aussi tous ses collègues et connaissances du monde médical pour tenter d'obtenir des réponses à ses nombreuses interrogations. Mais Jean-Marc oublie de consulter son notaire.

Après quelques semaines, Jean-Marc trouve dans sa boîte aux lettres des documents bancaires devant être signés par Lorraine pour le renouvellement de sa marge de crédit. Le lendemain, au moment d'appeler la banque, il apprend qu'il faudra nommer un représentant légal pour dorénavant « voir aux affaires » de Lorraine.

Jean-Marc prend rendez-vous avec le notaire et constate qu'il devra agir rapidement. Il y a lieu d'ouvrir pour Lorraine ce qu'on appelle un **régime de protection,** si on veut éviter que la gestion de ses affaires soit prise en charge par le Curateur public, l'organisme gouvernemental responsable d'assurer la protection de toutes les personnes inaptes non représentées.

Jean-Marc n'a aucune garantie selon laquelle il se verra attribuer le rôle de protecteur de Lorraine. Cela dépendra de la décision du conseil de famille, laquelle devra être prise à l'unanimité.

Et dire que Lorraine aurait pu signer un document tout simple, un mandat en cas d'inaptitude, dans lequel elle aurait indiqué elle-même ses choix, ses volontés et ses désirs.

Vous n'avez pas encore signé un tel document ? Vite, chez le notaire !

■ LE DEGRÉ D'INAPTITUDE ■

Inapte un peu, beaucoup, passionnément, à la folie…

Dans la mise en place d'un régime de protection, il faut déterminer le **degré** d'inaptitude d'une personne afin de mandater le représentant approprié.

Il existe trois paliers de représentants légaux en matière d'inaptitude : le **conseiller**, le **tuteur au majeur** et le **curateur.** Le rôle de chacun est défini par la loi en fonction du besoin et de l'état de la personne inapte.

Une inaptitude légère demande l'assistance d'un conseiller. Lorsque l'inaptitude est plus lourde, un tuteur au majeur sera désigné. Par contre, dans le cas d'une inaptitude grave, le rôle sera assumé par un curateur.

LE CAS D'ANTOINE

Antoine, 28 ans, est déficient léger. Sa mère est décédée. Il ne lui reste que son père pour veiller sur lui. Antoine habite seul dans son appartement et travaille dans un atelier protégé à des travaux de menuiserie de base. Sa situation est stable depuis quelques années déjà, et Antoine arrive très bien seul à gérer son salaire et à acquitter ses dépenses courantes. Toutefois, au décès de son père, Antoine héritera de sa part des 500 000 $ du patrimoine familial, et ses frères et sœurs s'inquiètent des gens qui pourraient soudainement se mettre à profiter de lui.

Il y aura probablement lieu de nommer un **conseiller** pour Antoine. Ce que son père peut faire dès maintenant. Le conseiller n'interférera pas dans la vie tranquille d'Antoine, mais il l'accompagnera, et sa signature sera nécessaire pour tout ce qui a trait au placement et à la gestion de son héritage.

LE CAS DE JEAN-PIERRE

Voilà une situation différente. Jean-Pierre a été victime d'un grave accident de la route dont il conserve des séquelles physiques et psychologiques permanentes, mais partielles. Il ne pourra plus fonctionner comme avant. Sa capacité de jugement, d'évaluation des faits et des événements est altérée au point que, même s'il continue d'être généralement autonome dans son quotidien, il ne peut plus prendre de décisions éclairées.

Par exemple, lorsque le neurologue lui suggère une chirurgie exploratoire, Jean-Pierre panique et ne sait pas sur quel pied danser. Ses proches prennent donc la décision, sur avis d'une assemblée de parents et amis, de lui nommer un tuteur au majeur, lequel l'assistera et le représentera dans l'exercice de ses droits civils.

LE CAS D'HUGUETTE

Huguette, avec ses 96 ans bien sonnés, jouit d'une excellente santé mais malheureusement, elle ne s'en rend plus compte. Elle est atteinte de la maladie d'Alzheimer à un stade très avancé. Son médecin ne peut évidemment prédire sa longévité, mais il a avisé ses enfants que l'état de leur mère est stable et qu'il ne prévoit pas de détérioration à court terme.

Sans être millionnaire, Huguette a tout de même un bon capital à gérer, et il est évident qu'elle ne peut y voir. La famille a donc entrepris les procédures nécessaires pour lui faire nommer un curateur, lequel sera chargé des soins de sa personne et de l'administration de ses biens, puisque son inaptitude a été considérée comme totale et permanente.

■ LE TRANSFERT DIRECT D'UN BONI À VOTRE REER ■

Mon patron m'aime

Si votre patron vous démontre sa reconnaissance en vous offrant un boni, empressez-vous de répondre : « Oui, je le veux ! » De plus, faites montre d'initiative en demandant que ce boni soit transféré directement dans votre REER. Pourquoi ?

D'une part, vous augmenterez rapidement votre cagnotte de retraite. D'autre part, vous éviterez ainsi que cet argent ne vous glisse entre les mains. En effet, le boni arrive généralement juste avant ou après Noël. Noël n'étant plus une fête chrétienne mais plutôt le festival de la dépense, il nous semble plus sérieux de l'investir immédiatement en lieu sûr, à l'abri de l'impôt, plutôt que de le recevoir en même temps et en plus d'un versement périodique de salaire.

Pensez-y un instant : que restera-t-il de ce boni si l'impôt l'ampute de moitié et que vous dépensez le reste ?

■ LA COTISATION AU REER JUSQU'À 69 ANS ■

« J'ai 65 ans, mais j'suis encore capable ! »

On croit erronément qu'à la retraite tout s'arrête… fiscalement parlant. Même si vous recevez vos rentes fédérale et provinciale, vous pouvez toujours cotiser à votre REER si vous percevez des revenus de location ou si vous touchez encore un salaire provenant d'un travail d'appoint.

Ces deux types de revenu donnent des droits de cotisation au REER jusqu'à l'âge de 69 ans. Bref, le sens de **revenu gagné,** aux yeux du fisc, est toute somme provenant :

• d'un revenu d'entreprise ;

- d'un revenu de location ;
- d'une pension alimentaire imposable ;
- d'une subvention de recherche ;
- d'une pension d'invalidité gouvernementale ;
- d'un revenu d'emploi.

Lorsque vous aurez dépassé le cap des 69 ans et si votre conjoint, marié ou non, est encore une petite jeunesse, vous pourrez cotiser à son REER jusqu'à ce qu'il ait atteint 69 ans. Comme nous l'avons indiqué précédemment, les sommes que vous y investirez au nom de votre conjoint appartiennent au patrimoine familial, si vous êtes mariés ou unis civilement, évidemment.

■ LA RETRAITE À TEMPS PARTIEL ■

De plus en plus de gens y pensent… et le font

Selon des statistiques gouvernementales récentes, seulement 46 % des travailleurs canadiens bénéficient d'un régime de retraite de leur employeur. Parmi ceux qui sont titulaires d'un REER, 69 % possèdent moins de 50 000 $ dans ce type de placement.

Compte tenu du vieillissement de la population, de la dénatalité, de l'augmentation des coûts de tous les programmes sociaux, il s'installe chez plusieurs une insécurité relative au regard des différents régimes de protection gouvernementaux (pension de la Sécurité de la vieillesse, assurance maladie, etc.). En fait, la question que nous entendons le plus souvent est : «Lorsque j'arriverai à la retraite, les allocations mensuelles versées par les gouvernements existeront-elles encore ? » Il y aura peut-être lieu de penser qu'une retraite **à temps partiel** est possible, même après l'âge de 65 ans.

Un nombre croissant d'employeurs se montrent intéressés à garder la main-d'œuvre qualifiée, mature et encore très verte. Il se pourrait même que ce soit une solution d'avenir à la pénurie sérieuse déjà amorcée dans plusieurs domaines d'activités commerciales avec, entre autres, le départ massif des baby-boomers d'ici 2012. Le concept de la retraite évolue d'année en année.

? QUESTION À 100 $

Nous serons tous les deux à la retraite dans six mois. J'aurai une rente de mon régime de pension, et mon mari commencera à encaisser son REER. Nous voulons éviter de faire des erreurs dans notre gestion financière et faire les bons choix de produits de retraite. Quelles sont les différences entre une rente viagère et un FERR, et pourquoi un produit plutôt qu'un autre ?

✔ RÉPONSE À 1 000 $

Puisque, dans le revenu familial, il y aura déjà une rente fixe et garantie – la vôtre –, votre mari devrait transformer son REER en FERR. Vous aurez ainsi, à vous deux, le meilleur des deux mondes.

La rente donne la sécurité d'un revenu fixe et déterminé à l'avance, régulièrement versé au compte de banque. On ne se soucie plus des humeurs de la Bourse ni du comportement des taux d'intérêt. On ne craint plus de manquer de capital et on se met à l'abri des demandes venant de l'entourage pour un p'tit-prêt-qui-sera-remis-dans-un-mois-maximum, car on n'a plus accès à son capital.

Le FERR, quant à lui, est pour ceux qui aiment gérer leurs affaires. En effet, le FERR, comme le REER, est un produit dont on doit *s'occuper*. Le paiement reçu ira en fonction de vos besoins ; il peut donc s'épuiser rapidement si vous faites des retraits extravagants. Mais sa grande souplesse quant au revenu versé peut être fort utile en cas de maladie et de soins spéciaux.

Avant que votre mari ne finalise son choix, il faut évaluer sa situation en fonction des points suivants : son âge, son état de santé et son espérance de vie, votre actif total, votre niveau de vie et vos besoins de revenu.

■ LE REER ET LE RÉGIME DE PENSION D'EMPLOYEUR ■

Connaissez-vous votre chance ?

Si vous faites partie des chanceux dont l'employeur offre un régime de pension agréé, soyez bien conscient de ce que représente cet avantage social.

Voici les différences entre cotiser à un REER personnel pour construire son fonds de retraite et cotiser à un régime de pension d'employeur.

REER	RÉGIME DE PENSION D'EMPLOYEUR
• Cotisations volontaires, donc souvent délaissées au profit d'autres priorités.	• Cotisations déterminées d'avance, par prélèvements obligatoires sur le salaire.
• Sujet aux fluctuations des marchés boursiers et des taux d'intérêt, donc vulnérables aux émotions entraînant des changements trop fréquents de placements.	• L'employeur a la responsabilité de compenser le fonds de retraite pour qu'il suffise aux versements des rentes devant être versées aux éventuels retraités.
• Difficulté de définir et de maintenir un horizon de placements, pierre angulaire de toute planification.	• L'employé connaît d'avance le moment de sa retraite et le montant d'argent qu'il recevra.
• Encaissable en tout temps.	• L'employé est moins inquiété par les cycles économiques.
• À la retraite, danger d'épuisement du capital si l'espérance de vie est trop longue.	• La rente de retraite est indexée à l'inflation et, au décès du cotisant, versée en partie au conjoint.
• En général, les épargnes enregistrées sont saisissables par un créancier.	• Le fonds de pension est insaisissable autant pendant la période d'accumulation que lorsqu'il est versé en rente.
	• Il ne peut servir à d'autres fins. Il déjoue donc les coups de tête.

Or, si vous hésitez actuellement entre deux emplois et que l'un des deux offre un régime de pension, n'oubliez pas que, dans l'offre d'un employeur, il n'y a pas que le salaire qui compte.

■ JUSQU'À QUEL ÂGE PEUT-ON RAPER? ■

Le RAP ne s'adresse pas qu'aux jeunes, mais…

On peut aimer le rap à tout âge. Mais comme vous ne pouvez plus verser de cotisations à votre REER après la fin de l'année où vous atteindrez l'âge de 69 ans, vous ne pourrez donc pas RAPer après cette échéance.

Si vous avez RAPé un peu sur le tard, disons à 65 ans, vous devrez, l'année où vous atteindrez 69 ans :

• soit rembourser la totalité du solde de votre RAP ;

• soit inclure dans vos revenus de chacune des années futures le montant annuel de remboursement que vous auriez dû effectuer.

Pierrette a toujours fait à sa tête, même s'acheter une première maison à l'âge de 61 ans en RAPant le maximum permis de son REER, soit 20 000 $. Toutes ses économies étaient dans son REER, et elle désirait ardemment une maison bien à elle avant de mourir.

Le gouvernement permet un délai de grâce de deux ans avant d'imposer l'obligation de réinjecter au REER les 20 000 $ retirés, donc un montant de 1 333 $ par année pendant 15 ans.

Nous conseillons à Pierrette d'accélérer ses remboursements si elle le peut, sinon le scénario suivant peut être envisagé : sans utiliser le délai de grâce, elle rembourse durant les huit premières années la somme obligatoire, soit 10 664 $; à 69 ans, resteront les 9 336 $ qu'elle n'aura pu remettre. Pour les sept années suivantes, elle ajoutera à son revenu imposable les paiements annuels de 1 333 $ qu'elle ne peut plus rembourser à son REER.

Pierrette a calculé que, de toutes façons, elle est beaucoup moins imposée maintenant que pendant ses années de salariée, et que le plaisir de sa maison de campagne en vaut le coup.

■ L'IMPACT FISCAL D'UN SÉJOUR PROLONGÉ AUX ÉTATS-UNIS ■

Vous aspirez à une vie de *snowbird*?

Les retraités de votre entourage passent une partie de leurs hivers en Floride, au soleil, et vous espérez bien les imiter un jour. Grand bien vous fasse!

Toutefois, en plus de prévoir les vêtements d'été, les crèmes solaires, les assurances, les romans et les jeux de société pour les jours de pluie, il ne faut pas négliger de vous informer à propos de certaines règles fiscales américaines.

En effet, il se peut que nos voisins du Sud vous considèrent comme résident américain en raison du critère de « présence substantielle ». Sans entrer dans les détails de cette règle, sachez au moins que si, de façon récurrente, vous passez une partie de vos hivers en territoire américain, un savant calcul doit être fait, basé sur vos séjours au cours des trois dernières années.

Dans certains cas, vous devrez remplir et produire auprès de l'Internal Revenue Service (IRS), avant le 15 juin de chaque année, un formulaire statutaire prouvant que votre « lien le plus étroit » se trouve au Canada. Il n'est pas exclu, dans d'autres cas, que vous deviez produire une déclaration fiscale américaine. Et gare aux délinquants: ils s'exposent à des amendes minimales de 1 000 $ US.

Un bon conseil: notez religieusement les dates de vos séjours aux États-Unis et consultez un fiscaliste qui sera en mesure d'évaluer votre situation et de vous indiquer les choix adéquats.

■ REMETTRE SA PENSION DE VIEILLESSE ■

Non mais, c'est quoi l'affaire ?

Depuis 1989, une disposition du gouvernement fédéral lui permet de récupérer, sous forme de remboursement au moment de la production de votre déclaration de revenus annuelle, une partie ou la totalité des sommes versées à des retraités au chapitre de la pension de la Sécurité de la vieillesse. Il ne faut toutefois pas paniquer. Pour perdre un tel bénéfice (ou une partie de celui-ci), le revenu net de la personne retraitée doit excéder un certain montant, lequel est indexé chaque année en fonction de l'inflation.

Et ce n'est pas parce que vous avez atteint cette fourchette de revenu que vous perdrez la totalité de votre pension. Le gouvernement récupère 15 % de la partie du revenu qui excède le seuil fixé annuellement.

SEUIL DE REVENU FIXÉ ANNUELLEMENT DE 2004 À 2006

	Seuil de revenu
2004	59 790 $
2005	60 806 $
2006	62 144 $

Si vous avez en 2006 un revenu de 75 000 $, vous devrez rembourser 15 % de la différence entre 75 000 $ et le seuil de 62 144 $, soit 1 928,40 $ (12 856 $ x 15 %).

Par ailleurs, lorsqu'on interprète cette disposition, on regarde le revenu **individuel,** et non le revenu familial. Si l'un des conjoints doit voir sa pension réduite, cela n'affecte en rien l'autre.

? QUESTION À **100 $**

Existe-t-il des façons de faire, des trucs ou des conseils pour ne pas remettre de l'argent au gouvernement lorsqu'on reçoit sa pension?

✔ RÉPONSE À **1 000 $**

Voici quelques stratégies intelligentes pour alléger ou éviter le remboursement de votre pension fédérale. Certaines ont déjà été expliquées dans ce livre.

- Faites du fractionnement de vos revenus si vous êtes en couple, au moins pour la RRQ.

- Demandez votre rente de la RRQ à 60 ans. Elle sera moindre qu'à 65 ans, mais elle gonflera moins votre revenu.

- Retirez le minimum obligatoire seulement de votre FERR si vous le pouvez.

Si votre conjoint est plus jeune, vous pouvez encore cotiser à son REER de conjoint.

- N'oubliez pas votre propre REER si vous gagnez encore des revenus et avez moins de 69 ans.

- Investissez vos placements hors REER dans des fonds ne générant pas de distributions en fin d'année.

- Faites vos calculs avant de vendre un actif, chalet ou maison. Le capital placé générera du revenu imposable.

- Vous avez des petits-enfants? Versez à leur REEE des sommes qui entraîneront la subvention du gouvernement fédéral ou faites des cadeaux en argent. En diminuant votre capital, vous aurez moins d'intérêts sur lesquels vous serez imposé.

Si un jour la vie t'arrache à moi

*« Ce n'est pas que j'ai peur de mourir,
je veux juste ne pas être là quand ça arrivera. »*
Woody Allen

*« Les avares amassent comme s'ils devaient vivre toujours,
les prodigues dissipent comme s'ils allaient mourir. »*
Aristote

Le coût de la mort

On penserait que, au XXIe siècle, le rituel du deuil aurait évolué. Or, il n'en est rien. On l'a plutôt déguisé pour se faire croire que la formule est plus simple, moins douloureuse. Détrompons-nous.

Il y a encore un coût minimum socialement acceptable qu'on se sent obligé de respecter si l'on veut « bien faire les choses » quand on perd un proche. En outre, les gens ne se rendent pas bien compte des sommes englouties dans les services entourant un décès avant que les factures arrivent.

Pourquoi les fleurs envoyées au salon funéraire sont-elles plus chères que celles achetées au marché et qui orneront la table toute la semaine ? Sans compter que bien des gens n'en ont jamais reçu auparavant... pas plus qu'ils n'auraient organisé de leur vivant une si grosse réception réunissant famille, amis et connaissances. Quant aux petits sandwichs après l'enterrement, ont-ils des vertus particulières justifiant une facture si élevée ? L'industrie du décès se raffine au point qu'on trouve maintenant des courtiers en affaires funéraires qui « coupent les prix » pour nous. Pour le bon goût, on repassera !

Sans nous faire les promoteurs des contrats d'arrangements funéraires préalables, nous pensons qu'il serait utile de mentionner à vos proches, au moins verbalement, et encore mieux par écrit, vos préférences au sujet des cérémonies entourant votre décès.

Toute notre vie, on se prive de petits plaisirs, on s'oblige à maintenir des assurances vie ; est-ce vraiment pour se payer l'ultime reconnaissance d'avoir de grosses funérailles ?

Avons-nous à ce point perdu le sens du deuil ?

■ LE MOMENT IDÉAL POUR PRÉPARER SON TESTAMENT ■

Le plus tôt est le mieux

«À notre âge, il est temps de penser à faire notre testament.» Voilà bien une réflexion courante dans la bouche de gens qui approchent du troisième âge.

Les gens pensent que c'est lorsqu'on approche de la fin de sa vie qu'il est temps de planifier sa succession et de rédiger son testament. Il est vrai qu'il n'est jamais trop tard pour bien faire, mais que serait-il arrivé si les parents étaient décédés alors que leurs enfants étaient tous mineurs? Où les enfants auraient-ils été logés? Auraient-ils été séparés? Qui aurait géré leur héritage? À quel âge y auraient-ils eu accès? Quelle sorte de contrôle aurait été exercé?

C'est à ce moment-là qu'il était impératif de faire un testament pour nommer un tuteur et choisir le mode d'administration et la période de remise du capital aux enfants. Le notaire, ça presse!

■ L'UTILITÉ D'UN TESTAMENT ■

Faire des choix,
une question d'autonomie

«Je ne possède rien. Je n'ai pas besoin de rédiger un testament.»

Combien de fois avons-nous entendu cette phrase! Pourtant, la personne qui parle ainsi est tout au moins propriétaire de quelques meubles, de ses effets personnels et d'un petit compte dans lequel elle dépose ses maigres économies, non?

Mais, au-delà de ces actifs, il se pourrait qu'une vieille police d'assurance vie soit encore en vigueur, que l'indemnité de décès de la Régie des rentes du Québec soit payable à la succession (si la personne a travaillé et cotisé suffisamment au régime) ou qu'une somme devienne payable aux héritiers par suite du décès (par exemple, si la personne décède des suites d'un accident de la route, il est possible qu'une prestation soit versée à la succession par la Société de l'assurance automobile du Québec).

Quoi qu'il en soit, et peu importe la valeur éventuelle de la succession, l'individu a le **droit de choisir** qui sera le bénéficiaire de ses avoirs. Pourquoi laisser au Code civil du Québec ce choix fondamental ?

La rédaction d'un bon testament permet non seulement d'exprimer vos désirs, mais aussi d'établir avec exactitude la part à laquelle chacun de vos légataires aura droit.

Julie et Charles vivent ensemble sans être mariés depuis 16 ans. Trois enfants sont issus de leur union. Au fil des ans, ils ont acquis en commun une résidence principale bien meublée, un chalet et une motoneige. Chacun contribue annuellement à son REER respectif, et Charles bénéficie également d'un régime de pension d'employeur.

Un matin de tempête, en se rendant au boulot, Charles est heurté de plein fouet par un camion. Dans l'heure qui suit, Julie doit apprendre à ses enfants qu'ils sont orphelins de père.

Julie et Charles avaient souvent parlé d'aller chez leur notaire planifier leur succession. Mais dans le tourbillon du quotidien, ils n'ont jamais mis ce projet à exécution. Charles est donc décédé sans testament. Julie devra maintenant composer avec une nouvelle réalité :

- Reconnue comme «conjointe» auprès de l'employeur de Charles, elle a droit à la moitié de sa pension.

- Elle reçoit également de la RRQ la prestation de conjoint survivant.

- Toutes les économies de Charles, ses biens personnels de même que son REER (déduction faite des impôts payables au décès) sont maintenant la propriété *des enfants.*

- Ses trois enfants mineurs sont maintenant copropriétaires avec elle de la maison et du chalet à titre d'uniques héritiers légaux de leur père.

- Comme tutrice légale de ses enfants, Julie assurera l'administration de leurs biens sous la surveillance d'un conseil de tutelle. Elle devra produire un rapport annuel de gestion auprès du Curateur public du Québec et remettre à chacun de ses enfants leur part respective le matin de leur 18e anniversaire, la loi ayant décrété qu'ils sont, à ce moment, des adultes matures, responsables et bons gestionnaires.

Et dire qu'un simple testament aurait pu faire en sorte de laisser la propriété des biens à Julie sans aucune implication fiscale, sans la supervision d'un conseil de famille, et de lui conserver aussi la sécurité et l'autonomie financières.

■ **MON TESTAMENT DOIT-IL SUBIR UNE RÉVISION ANNUELLE ?** ■

Pour que ce soit vraiment vos dernières volontés

À quelle fréquence devons-nous revoir notre testament, notre mandat d'inaptitude ? Chaque année, aux deux ans, aux cinq ans ?

Il n'y a pas de manuel d'instructions indiquant le moment idéal pour une révision périodique. En fait, il se peut qu'un testament fait il y a 25 ans soit encore tout à fait convenable. Vous n'y retrouverez jamais la mention « Meilleur avant ».

C'est en fait une question de circonstances. La révision s'impose chaque fois qu'un événement important survient dans la vie : le début ou la fin d'une vie de couple, la naissance d'un enfant, le décès d'un proche, un changement significatif dans la vie financière.

Une des meilleures façons de ne pas négliger la mise à jour de ces documents est d'en conserver les copies à un endroit où on est assuré de les croiser régulièrement. Le meilleur endroit, à notre avis, c'est dans le dossier « Déclaration de revenus ». Ainsi, il y a tout lieu de croire que vous relirez votre testament et votre mandat d'inaptitude une fois l'an. Au traditionnel « ménage du printemps » s'ajoutera donc le dépoussiérage de vos documents personnels.

Au moment de procéder à ce ménage annuel, il est bon de se poser (au moins) les 6 questions suivantes :

1. *Mon héritier principal est-il toujours le même ?* Je sens que les choses commencent à se corser avec mon conjoint ; peut-être devrais-je penser à réviser l'importance de l'héritage que je projetais lui laisser.

2. *La répartition de mon héritage entre mes héritiers me convient-elle toujours ?* Bien que j'aie toujours pensé partager mes biens en parts égales entre mes deux filles, depuis que l'une d'elles est demeurée handicapée à la suite de son accident, elle n'aura plus les mêmes chances que sa sœur à long terme. Je pourrais lui attribuer une plus grande part dans le partage.

3. *Ma liste de biens a-t-elle changé dans la dernière année ?* J'avais légué ma résidence principale à ma fille et mon chalet d'une valeur semblable à mon fils, mais depuis, j'ai vendu mon chalet pour voyager autour du monde ; est-ce encore équitable ?

4. *Ma relation est-elle toujours la même avec mes héritiers ?* Je ne vois plus ma meilleure amie, à qui je prévoyais laisser mes bijoux et mes effets personnels, depuis qu'elle est partie avec mon chum.

5. *Le choix de mon liquidateur est-il toujours approprié ?* J'ai appris récemment qu'il est maintenant un joueur compulsif. Mes héritiers seront-ils bien protégés ?

6. *Devrais-je changer le nom du tuteur de mes enfants mineurs ?* Surtout depuis qu'il a été reconnu comme pédophile notoire !

■ LE LIQUIDATEUR SUCCESSORAL ■

Quel est son rôle ?

Quelqu'un vient de mourir. Au moment où s'ouvre le testament, le liquidateur successoral entre en scène. C'est cette personne que la loi appelait, avant la réforme du Code civil en 1994, l'« exécuteur testamentaire ».

Si le défunt avait préparé un testament, il avait normalement désigné un liquidateur. Mais, en l'absence de testament, ou si le liquidateur successoral nommé est décédé, refuse, renonce ou est inapte à agir à ce moment, les héritiers assument alors ensemble le rôle de liquidateur.

Ils ont également la possibilité de désigner l'un d'eux (ou même une tierce personne) comme liquidateur qui agira pour leur bénéfice. Et, bien sûr, en cas de conflit entre les héritiers, ceux-ci pourront s'adresser au tribunal pour faire cette désignation.

Le liquidateur est celui qui est chargé de « régler » la succession de la façon la plus expéditive possible tout en respectant certaines règles établies par la loi et, le cas échéant, certains désirs exprimés par le défunt dans son testament.

Voici les tâches du liquidateur :

• *Procéder à l'inventaire et au paiement des dettes.* Il verra donc à compiler tous les actifs et les passifs, vendre les biens non liquides, payer les comptes, incluant l'impôt et les dettes inhérentes au décès (les frais funéraires, par exemple).

- *Publier un avis de clôture.* Une fois l'inventaire complété, le liquidateur doit faire publier une annonce dans un journal local de façon à informer tous les créanciers qu'ils peuvent consulter l'inventaire et ainsi s'assurer qu'ils apparaissent dans la liste des comptes à payer. Une publication doit aussi être faite à un registre gouvernemental (Registre des droits réels et personnels mobiliers) ayant un objet similaire.

- *Obtenir des deux paliers de gouvernement des autorisations écrites avant de procéder au partage entre les héritiers.* Une fois les derniers impôts acquittés, le liquidateur doit remplir et faire parvenir des formulaires pour obtenir la permission de procéder au partage successoral. Il s'agit du **certificat autorisant la distribution des biens** au gouvernement provincial et du **certificat de décharge** au fédéral. Le défaut de s'y conformer rendra le liquidateur personnellement responsable du paiement de toute cotisation fiscale ultérieure.

Si le règlement de la succession devait se poursuivre au-delà d'une année après son ouverture, le liquidateur doit rendre compte de son administration aux héritiers.

Le liquidateur successoral est donc le personnage central du dossier. C'est pourquoi il importe que sa désignation soit judicieuse, qu'elle soit faite par le testateur ou par les héritiers eux-mêmes.

Le critère d'appréciation principal ne devrait pas être la « compétence de gestionnaire » du liquidateur. Dans le cadre de ses fonctions, il peut requérir les services de tout professionnel qui l'aidera à bien accomplir les tâches qu'on lui confie.

Vous devez plutôt chercher quelqu'un de disponible, idéalement éloquent, qui ne sera pas en conflit d'intérêts et qui possède un minimum d'ouverture pour faciliter la communication avec les héritiers.

Si vous avez de jeunes enfants pour le bénéfice desquels il pourrait avoir à gérer pendant plusieurs années, pensez à quelqu'un qui VOUS connaît assez bien pour prendre des décisions semblables à celles que vous auriez prises et qui LES connaît aussi assez pour évaluer la pertinence de leurs requêtes.

En somme, vous devez choisir la personne la mieux placée pour gérer efficacement tout en rendant la vie la plus simple possible à vos héritiers.

Au fait, si le liquidateur n'est pas l'un des héritiers, il peut être intéressant de prévoir un dédommagement pour les services qu'il sera appelé à rendre à la succession. L'idéal est peut-être de stipuler que, outre le remboursement des dépenses reliées à sa fonction, le liquidateur recevra une compensation équivalente à son taux horaire habituel dans le cadre de son travail. Entre le cousin Gaston, surnuméraire dans un centre d'appels pendant qu'il termine sa maîtrise, et l'oncle Paul-Henri, associé principal d'une grande firme de communications, il y aurait peut-être un choix économique à faire ?

■ LES FAMILLES RECOMPOSÉES ■

« Qui héritera de ma moitié de condo ? »

L'accès à la propriété nécessite généralement de canaliser les épargnes ainsi que les revenus futurs de la famille. Tout le monde en bénéficie tant que les deux propriétaires sont vivants. Le problème survient lors d'un décès et est d'autant amplifié s'il s'agit d'une famille recomposée, car les acteurs sont plus nombreux.

Jean-Pierre et Sophie, tous deux divorcés et respectivement parents d'enfants mineurs issus d'une union précédente, ont acheté un condominium ensemble. Ils y ont investi une bonne partie de leurs économies, et l'immeuble a pris beaucoup de valeur depuis l'achat.

Ils savent bien que le décès de l'un d'eux provoquerait une situation qu'ils veulent prévenir. Ils cherchent donc une solution pour arriver à ne pas déloger le conjoint, mais aussi pour faire profiter les enfants du défunt de cet investissement qui constitue une partie importante de leurs actifs.

Ont-ils une assurance prêt hypothécaire qui remboursera entièrement ou en grande partie ce prêt au décès d'un conjoint ? Si oui, il serait avantageux qu'ils se lèguent mutuellement leur part de cette copropriété, quitte à ce que le survivant ait l'obligation légale de payer une somme prédéterminée aux enfants du défunt.

Ce montant peut provenir d'un refinancement hypothécaire effectué par le survivant s'il a la capacité financière de faire face aux paiements seul. S'il n'a pas les reins assez solides, il peut échelonner le paiement sur un nombre raisonnable d'années et le garantir par une hypothèque grevant l'immeuble en faveur des enfants.

Avec de telles clauses dans le testament, le conjoint survivant n'est pas délogé, ne devient pas copropriétaire avec la progéniture du défunt (ce qui n'est pas toujours la situation rêvée…) et les enfants ne sont pas privés de l'investissement qu'a fait le parent.

Mais, s'il survient un décès et qu'aucune assurance ne rembourse le solde de l'hypothèque, ce peut être la catastrophe.

En supposant que le conjoint survivant souhaite demeurer dans la propriété, il n'est pas certain que dorénavant, il aura la capacité d'assumer seul toutes les charges (mensualités hypothécaires, impôts fonciers, assurances, frais de condo, etc.) **et** de trouver les liquidités nécessaires pour payer aux enfants du défunt la part d'avoir qui leur revient.

On assistera alors non seulement à une «vente de feu» de l'immeuble et à un déménagement non souhaité, mais aussi, probablement, à des pleurs et à des grincements de dents entre le survivant et les enfants du défunt.

Vous doutez encore de l'utilité d'une assurance vie pour rembourser votre emprunt hypothécaire ?

◼ LE CAS D'UN HÉRITIER QUI NE POURRA GÉRER SA PART ◼

Pensez-y avant de passer l'arme à gauche

La solidarité familiale est une belle valeur en laquelle nous croyons. Lorsqu'elle existe du vivant des parents, il faut éviter de la saborder à leur décès.

Imaginez un peu la situation suivante : une famille de cinq enfants dont l'un est considéré irresponsable, puis un père et une mère qui, évidemment, soutiennent financièrement cet enfant. Les parents meurent dans un accident d'automobile.

Très souvent, par testament, ils auront confié au fils aîné de la famille la tâche d'administrer la part d'héritage de celui qui a passé sa vie «à leur remorque». Mais voilà, tout le monde a peur qu'en recevant son lot à la liquidation de la succession, l'irresponsable n'en fasse qu'une bouchée et se retrouve très vite sans le sou.

Pour de multiples raisons (problèmes de santé physique ou mentale, problèmes d'alcool, de drogues, de jeu, etc.), beaucoup de familles sont aux
prises avec l'un des leurs qui ne peut ou ne devrait pas se voir remettre
directement une part d'héritage.

La solution souvent retenue est alors la création d'une **fiducie testamentaire** et la **nomination d'un administrateur** possédant des pouvoirs dis-
crétionnaires quant à la gestion et à la remise des sommes entre les
mains du bénéficiaire.

Dans certains cas, c'est l'idéal, et tout se passe bien. Dans d'autres cas,
cependant, c'est le début d'un long cauchemar.

On n'a qu'à penser aux conflits que cela peut générer si l'aîné, nommé
fiduciaire, refuse une avance à son cadet, sous prétexte que c'est injusti-
fié. Imaginez le harcèlement que l'administrateur est susceptible de subir.
Et les répercussions que cette situation aura potentiellement sur sa propre vie familiale.

Notre solution

Songez à l'achat d'une rente (contrat prévoyant le versement à vie d'une
somme mensuelle prédéterminée) lorsque le choix d'une telle fiducie
peut se révéler un cadeau empoisonné. Le bénéficiaire de la rente se verra
protégé adéquatement sans que cela ne suscite de conflits entre les membres de sa famille.

◼ LA NOMINATION D'UN BÉNÉFICIAIRE IRRÉVOCABLE ◼

À toi, pour toujours...

Vous serez peut-être tenté un jour, pensant bien faire, de nommer de façon **irrévocable** le bénéficiaire d'une assurance vie. Ce qui veut dire que jamais plus vous ne pourrez faire de modifications (changement de capital assuré, retrait d'argent, annulation du contrat et, évidemment, changement de bénéficiaire) sans le consentement écrit de celui-ci.

La notion d'irrévocabilité en matière d'assurances lie les deux parties pour toujours. Ce faisant, le propriétaire du contrat donne au bénéficiaire un pouvoir qu'il n'a pas autrement. Les amoureux vont, à tort, penser que c'est une preuve d'amour ultime. C'est plutôt un paquet d'ennuis éventuels ! En effet, si la relation prend fin, les discussions seront inévitables et interminables. Même à la retraite, pour l'encaissement de la valeur de rachat, par exemple, la signature du bénéficiaire sera exigée. Puisque notre leitmotiv dans cet ouvrage est le maintien de votre autonomie, nous vous incitons à bien réfléchir avant de faire un tel geste.

◼ UN « P'TIT » 3,50 $ POUR DOUBLER L'ASSURANCE VIE ◼

La loto « mort accidentelle »

Est-ce une bonne idée d'ajouter une prime à votre paiement d'assurance vie pour **doubler** le capital versé aux héritiers en cas de décès accidentel ?

Sachez que les gens décèdent majoritairement de mort naturelle. Il y a donc très peu de risques que vous mourriez des suites d'un accident. Et encore faudra-t-il prouver que cet accident est inclus dans la définition du mot « accident » inscrit dans votre police.

Il se peut que l'assureur fasse des vérifications plus poussées s'il a des soupçons sur un état d'ébriété ou de consommation de substances illicites, par exemple. La définition d'un accident est claire. C'est un événement fortuit et inattendu qui survient dans des circonstances normales... et non pas lorsqu'on est saoul au volant de sa voiture.

À l'achat de votre police d'assurance vie, si vous aviez évalué, en tenant compte de l'inflation future, qu'une somme de 200 000 $ était nécessaire à votre petite famille pour maintenir le même niveau de vie après votre mort, pourquoi payer 3,50 $ de plus par mois pour jouer à la « loterie de la cause du décès » ? La clause de mort accidentelle fait toujours doubler le capital souscrit à l'origine. Que votre conjoint reçoive le double du montant que vous aviez évalué comme nécessaire, c'est bien, mais c'est superflu.

Si votre famille a besoin de 400 000 $ et non pas de 200 000 $, souscrivez-les. Sinon, ne vous laissez pas tenter par un supposé « p'tit » 3,50 $ qui fera peut-être doubler le capital.

? QUESTION À 100 $

Comment évalue-t-on un besoin familial d'assurance?

✔ RÉPONSE À 1 000 $

Voici, à notre avis, la méthode la plus simple.

Vous travaillez tous les deux, et c'est le produit de ce travail qui permet à votre famille de maintenir son niveau de vie. Qu'adviendrait-il de ce niveau de vie si un de vos salaires venait à manquer?

Nous estimons que 60 % à 80 % du revenu du défunt seraient à remplacer s'il survenait un décès prématuré d'un des conjoints, et ce, jusqu'à ce que le benjamin ait atteint une certaine autonomie, disons autour de 20 ans.

Anne-Marie et Robin gagnent à eux deux 100 000 $. Ils ont trois enfants de 10, 7 et 2 ans. Anne-Marie estime que si Robin décédait subitement cette année, 75 % du revenu de celui-ci seraient absolument nécessaires pour conserver le même niveau de vie à la famille, c'est-à-dire ne pas changer les enfants de quartier ni d'école, et que tous puissent continuer à pratiquer leurs activités sportives.

Anne-Marie et Robin sont arrivés à ce ratio en faisant le décompte de leurs dépenses annuelles essentielles, soit tout près de 75 000 $. Les 25 % manquants sont les dépenses attribuées à Robin seulement (habillement, sports, activités culturelles, voiture, cours privés, etc.).

■ LE SUICIDE, PAS COUVERT PAR L'ASSURANCE ? ■

Wô, les moteurs !

Les gens pensent souvent à tort qu'un décès par suicide n'est pas couvert par la compagnie d'assurance. Voici ce que le Code civil précise à ce sujet: si un suicide survient à l'intérieur des deux années suivant la souscription d'une assurance sur la vie, l'assureur n'est pas tenu de verser le capital assuré, mais il devra rembourser les primes payées. Toutefois, pour tout décès, y compris par un suicide, survenant après ces deux années, la compagnie d'assurance doit payer la somme prévue.

Il y a suffisamment de restrictions concernant les produits d'assurance qui sont nécessaires dans la vie, n'en ajoutons pas! Et si votre douce moitié file un mauvais coton, envoyez-la donc en thérapie... pendant au moins deux ans.

■ **3 ENFANTS, BEAUCOUP DE SOUVENIRS ET 1 CHALET** ■

Qui héritera ?

Vous avez trois enfants. Toute votre vie, vous avez respecté les principes de justice et d'équité qui vous ont été inculqués par vos propres parents, et votre testament reflète cette préoccupation. Vous y avez inscrit qu'à votre décès tous vos biens seraient partagés **en parts égales** entre vos enfants. C'est tout à votre honneur. Mais à bien y penser, est-ce vraiment une bonne idée ?

La réponse dépend des actifs que vous posséderez au moment de votre décès. Pas besoin d'être un grand clerc pour partager l'argent en banque, les sommes dues par les assurances et les REER. C'est déjà un peu plus compliqué, pour des raisons sentimentales, de séparer le contenu de la résidence et vos biens personnels (bijoux, photos, bibelots, souvenirs de famille, etc.).

Là où la gymnastique devient pénible, c'est quand il faut déterminer ce qu'on fera avec le chalet familial où les enfants ont séjourné tous les étés depuis leur enfance. Pourquoi ne pas en discuter avec eux lors du prochain repas en famille ? Vous pourriez être surpris : il se peut fort bien qu'un seul de vos enfants se sente l'âme à maintenir et à entretenir deux résidences, l'une à la ville et l'autre à l'extérieur. En pareil cas, vous pourriez stipuler un droit de préférence d'achat et un mode de calcul du prix de vente en faveur de celui-ci dans votre testament, et ainsi éviter les conflits quand vous n'y serez plus.

> François, le fils aîné de Gilbert et de Mariette, continue toujours, à 46 ans, à passer tous ses week-ends au chalet de ses parents avec sa conjointe et leurs enfants. Il s'investit beaucoup dans les travaux d'entretien et de rénovation et contribue également à l'achat des matériaux avec ses parents.
>
> François ne s'en formalise pas : il en profite tellement ! À l'occasion, ses frères Michel et Marc et sa sœur Lucie viennent y séjourner, principalement lorsque les parents décident d'organiser une fête familiale, mais aucun d'eux ne démontre un intérêt particulier pour la campagne.
>
> Gilbert et Mariette ont donc stipulé dans leur testament qu'à leur décès François aurait la priorité pour se porter acquéreur du chalet. Les enfants devront faire effectuer une évaluation, à frais communs, et François pourra acquérir l'immeuble pour un prix équivalent à 75 % de sa valeur marchande réelle.
>
> Cette façon de faire contribue à reconnaître les apports de François dans la sauvegarde du chalet et permet d'éviter toute discussion pouvant éventuellement mener à la vente à un étranger au détriment de François.

■ LA POSSIBILITÉ DE RENONCER À UN HÉRITAGE ■

« Un legs peut-il me pénaliser ? »

Si votre chum ou votre blonde (comme n'importe qui d'ailleurs) décède et que vous avez été désigné comme héritier dans son testament, êtes-vous tenu d'accepter l'héritage ? Grand Dieu, non ! Surtout s'il s'agit d'un cadeau empoisonné et que le total des dettes excède la valeur des biens légués.

Cependant, il faut savoir que la loi impose certaines contraintes à ce sujet. Tout d'abord, si vous acceptez votre part dans la succession, vous ne pourrez plus y renoncer. Quand on dit oui, c'est f-i fi n-i ni : on ne peut pas changer d'idée même si on apprend de nouvelles informations ou qu'on découvre en chemin des squelettes dans le placard. Si on accepte, on ne peut plus y renoncer, sauf avec la permission du tribunal et dans des cas très spéciaux (une fraude ou une rétention d'information, par exemple, qui ferait en sorte que vous n'avez pas reçu une information juste pour prendre une décision éclairée). Mais encore faut-il en faire la preuve.

Or, il vous est possible de n'exercer votre choix qu'après avoir pris connaissance de l'inventaire final (ce qui doit être fait par le liquidateur et présenté aux héritiers dans les délais prescrits, soit six mois à compter de l'ouverture de la succession). Ainsi, à la lumière des informations reçues, vous saurez exactement dans quoi vous vous engagez et vous pourrez, si vous le jugez approprié, renoncer purement et simplement à ce qui serait un fardeau financier.

Cette option ne vous est cependant offerte que si vous n'avez pas fait de « gestes d'héritier », c'est-à-dire vous emparer d'un bien de la succession, ou l'utiliser comme s'il était à vous, ou le confondre avec vos propres biens.

Par contre, le fait de disposer de biens périssables ou sans valeur ne vous pénalisera pas, car il s'agit de gestes posés de bonne foi et de « pure administration » ne signifiant pas pour autant que vous avez accepté la succession. Vous pouvez donc, sans scrupules, vider le réfrigérateur de tante Gertrude, disposer de ses vêtements (pas de son manteau de vison, toutefois) en les offrant à des organismes de bienfaisance et mettre fin à son bail sans que cela ne soit considéré par la loi comme une acceptation de sa succession.

Vous pouvez également continuer d'habiter la résidence commune et utiliser son contenu au décès de votre conjoint sans que cela vous empêche éventuellement de renoncer à sa succession. S'il s'avérait que vous soyez alors héritier d'une succession insolvable, vous pourrez toujours offrir aux créanciers de racheter la part d'immeuble que détenait votre conjoint.

■ LE SORT DU RAP AU DÉCÈS ■

« Est-il transférable à mes héritiers ? »

> Jonas avait utilisé le Régime d'accession à la propriété (RAP) pour faire l'acquisition de sa demeure. Il en était copropriétaire avec sa femme, Hélène. Il est décédé alors qu'il avait encore un solde de 13 000 $ non remboursé au RAP. Est-ce qu'Hélène, son unique héritière et liquidatrice, devra rembourser au REER de Jonas les 13 000 $ restants ou si cette somme sera imposée à la dernière déclaration de revenus de Jonas ?

En règle générale (et nous disons bien « en règle générale »), le représentant légal de Jonas devra inclure le solde intégral du RAP dans la dernière déclaration de revenus du défunt. On devra donc ajouter 13 000 $ aux **revenus imposables** de Jonas dans sa déclaration fiscale.

Cependant, Hélène pourra, puisqu'elle est sa conjointe et son héritière, faire le choix de continuer le rythme des remboursements prévus par la loi. Le solde du RAP de Jonas lui sera donc transféré, et Hélène versera les montants à rembourser dans son propre REER. Finalement, hériter du RAP, c'est comme hériter du REER de son conjoint.

Si Hélène avait elle aussi utilisé son REER par l'entremise du programme RAP au moment de l'achat de la propriété avec Jonas, il faudrait que les remboursements dus par Jonas soient synchronisés à ceux d'Hélène. Plus clairement, Hélène additionnerait ses propres remboursements RAP à ceux de Jonas.

Le choix de l'une ou l'autre de ces stratégies dépendra de la situation financière d'Hélène, de sa capacité à rembourser le solde des deux RAP et de la réalité fiscale de Jonas au moment du décès. En effet, si celui-ci était sans emploi, donc sans revenu, la facture fiscale sur les 13 000 $ restants ne serait pas exorbitante.

■ LA FISCALITÉ AU DÉCÈS ■

Pour éviter que le fisc hérite

Les ministères taxateurs n'ont pas de cœur. Fiscalement parlant, on ne peut pas bénéficier des avantages prévus par la loi pour effectuer des transferts exonérés d'impôt en faveur de ses enfants. On peut le faire à l'intention d'une seule personne : son conjoint. Votre conjoint est la personne (de même sexe ou de sexe opposé) avec qui vous êtes marié ou uni civilement ou le conjoint de fait vivant maritalement avec vous depuis au moins un an.

Par exemple, vous ne pouvez pas léguer un REER à vos enfants sans qu'il ait d'abord été inclus dans votre déclaration fiscale de l'année de votre décès et que l'impôt y afférent ait été payé. Quelques allégements existent, bien sûr, lorsque les enfants sont mineurs, entre autres, mais ce n'est pas la règle.

Par ailleurs, en pareil cas, il existe certains moyens d'éviter la catastrophe fiscale quand un décès se produit. La souscription d'une assurance vie d'un montant au moins égal à la note fiscale en est un. Ainsi, vos enfants hériteront d'une somme à peu près égale au total de votre REER.

■ LA FIDUCIE TESTAMENTAIRE ■

À quoi ça sert?

Sans entrer dans des détails juridiques et fiscaux, il nous semble opportun de faire état de l'utilité de la fiducie testamentaire comme mécanisme pour assurer la protection de certains bénéficiaires à qui on **ne peut pas** ou on **ne veut pas** confier la gestion de leur part d'héritage.

Il s'agit en fait de désigner par testament une personne de votre choix (le fiduciaire) pour gérer les biens dévolus à des personnes que vous voulez avantager (les bénéficiaires) mais à qui vous ne voulez pas laisser le plein contrôle de leur héritage.

Nous pensons ici, par exemple, à un enfant mineur, à une personne handicapée physique ou mentale, à un légataire à tendance délinquante, à un bénéficiaire souffrant de problèmes le rendant incapable de gérer un héritage.

Ces personnes de votre entourage immédiat à qui vous voulez faire bénéficier de vos actifs après votre mort ne sont peut-être pas en mesure de les administrer (quoi qu'elles puissent en penser, bien souvent). C'est alors que la fiducie testamentaire devient un outil idéal pour assurer leur bien-être tout en protégeant leur capital. Un fiduciaire (c'est-à-dire un administrateur) choisi et désigné **par vous** sera responsable de la gestion de la fiducie testamentaire; il verra à procurer à vos bénéficiaires les avantages que vous déterminerez et à faire la remise du capital, selon vos instructions, à ces mêmes bénéficiaires ou à d'autres, selon vos désirs et au moment que vous aurez jugé opportun.

Vous avez acquis ces biens. Vous avez le droit d'en disposer comme bon vous semble!

■ LA SUBSTITUTION, LE DROIT D'USAGE ET LA FIDUCIE ■

On donne ou on ne donne pas

Jusqu'au début du xxᵉ siècle, une mode était très répandue en matière testamentaire : on ne donnait pas, on prêtait ! En fait, on utilisait largement la formule dite de « substitution » dans les testaments.

En vertu de celle-ci, le bien légué était mis *temporairement* à la disposition de l'héritier qui devait, à son tour, le rendre à d'autres héritiers au bout d'un certain nombre d'années ou à son décès. Après tout, pourquoi faire simple quand on peut faire compliqué ?

Diverses formules existaient, mais il s'agissait toujours de variations sur le même thème. Les exemples plus anciens concernent surtout des époux qui craignaient le remariage de leur « éventuelle future veuve » (et la dilapidation du patrimoine de la famille, évidemment, entre les mains d'un hypothétique nouveau venu). Afin de garantir aux enfants un certain pécule, on ne léguait alors que la *jouissance des biens* à l'épouse, qui avait l'obligation de les remettre aux enfants à son décès. C'est fort, hein ?

Imaginez un peu la complexité de l'exercice aujourd'hui s'il fallait conserver un bien reçu en l'an 2003 pour le retransmettre en l'an 2038 à des personnes déjà désignées. Pas toujours évident ! On ne vit plus sur une terre qu'on cultive et qui se transmet de génération en génération.

Cette façon de faire, encore autorisée par le Code civil, a subi une importante baisse de popularité au cours des années, mais elle demeure une solution dans certaines situations particulières. Prenons par exemple le cas d'une divorcée, mère de deux enfants en bas âge, qui a refait sa vie avec un nouveau conjoint. Elle ne sera probablement pas disposée à transmettre tout son avoir à ce dernier en cas de décès.

Il est notamment possible de léguer à un conjoint le droit d'habitation et d'usage d'un immeuble qui retournera à nos enfants soit au décès du conjoint, soit au moment où, pour cause d'inaptitude, il ne pourra plus y loger, soit après un nombre d'années prédéterminé. On imposera au conjoint bénéficiaire d'un tel droit des modalités comme le paiement des taxes, des assurances sur le bâtiment, du chauffage, de la consommation d'électricité, de certaines dépenses d'entretien, etc.

S'il s'agit plutôt d'une somme d'argent qu'on veut éventuellement remettre aux enfants, la création d'une fiducie testamentaire qui aura le conjoint pour bénéficiaire des revenus et les enfants pour bénéficiaires du capital peut résoudre le problème.

Michel et Chantal cohabitent depuis 19 ans. Michel était veuf, père de trois jeunes enfants et propriétaire d'un bungalow lorsqu'il a rencontré Chantal. Celle-ci s'est installée chez Michel, principalement pour ne pas modifier les habitudes de vie des enfants. Par choix et au plus grand bonheur de Michel, Chantal a cessé de travailler à l'extérieur pour s'occuper à temps plein des enfants, et plus tard de Michel, son toujours bien-aimé.

Au moment de la rédaction de leur testament, Chantal a exprimé son angoisse de se retrouver à la rue advenant le décès de Michel. Leur notaire leur a donc proposé la possibilité d'accorder à Chantal le droit d'habiter la maison, advenant le décès de Michel, jusqu'à la survenance du premier des événements suivants :

• le décès de Chantal ;

• le fait qu'elle serait déclarée légalement inapte ;

• une période de six mois se serait écoulée depuis qu'elle ne logerait plus dans l'immeuble.

Ce droit serait assorti de l'obligation pour Chantal d'assumer toutes les charges inhérentes à son occupation : impôts fonciers, assurances, consommation d'électricité, chauffage, etc.

De cette façon, Chantal ne serait pas délogée et les enfants de Michel récupéreraient la maison à l'expiration du droit d'habitation.

Vous savez, plusieurs options intéressantes s'offrent à vous en matière de legs. Il faut simplement décrire vos attentes au notaire qui saura vous conseiller adéquatement.

■ LA RECHERCHE TESTAMENTAIRE ■

« Je suis convaincu que mon conjoint n'avait pas d'autre testament »

Francis et Lucie ont signé leur testament respectif le même jour chez le même notaire. Le lendemain, Francis a eu un accident cardiovasculaire duquel il ne s'est jamais entièrement remis et, très rapidement, ses facultés physiques et mentales se sont détériorées. Il n'a donc plus jamais été en mesure de modifier son testament. Il vient de mourir. Lucie est donc certaine que le testament qu'elle possède est le dernier document qui doit s'appliquer.

Diane, l'ex-blonde de Francis, apprenant son décès, se présente le jour même à la banque, munie de la copie certifiée conforme d'un testament notarié en sa faveur, rédigé quelques années auparavant.

Grâce aux certificats de recherche testamentaire qu'il obtient de la Chambre des notaires et du Barreau du Québec, le notaire s'assure que le dernier testament en vigueur est celui qui favorise Lucie, et confirme que celui présenté par Diane est périmé.

Sans le certificat attestant que le testament qu'on veut faire valoir est bel et bien le dernier en vigueur, n'importe quel héritier mentionné à un testament périmé pourrait encaisser tous les actifs du défunt. Que ferait alors le véritable héritier ?

La majeure partie des gens se demandent pourquoi le notaire mandaté pour régler la succession s'acharne à vouloir obtenir les certificats de recherche testamentaire de la Chambre des notaires et du Barreau du

Québec. D'abord parce que cela fait partie de son **devoir de base.** Mais aussi parce que rien ne prouve que le lendemain de la signature du testament, le testateur n'a pas modifié ses intentions dans un autre document qui a été, à sa demande expresse, tenu entièrement secret.

Jusqu'à récemment, les délais d'attente pour obtenir pareil certificat étaient extrêmement longs, mais la Chambre des notaires du Québec a revu sa façon de procéder et a grandement amélioré le processus de recherche. Les réponses sont désormais obtenues beaucoup plus rapidement.

Pensez-y : le fait que le liquidateur et les héritiers doivent attendre la réception du certificat de recherche testamentaire avant de pouvoir transférer un actif fait en sorte de garantir le respect de vos dernières volontés.

◼ LA DIVISION DES FONCTIONS EN CAS D'INAPTITUDE ◼

Je gère, tu soignes, il conduit les affaires

Pour certaines personnes, la nomination d'un mandataire unique est presque impossible. Un seul individu sur qui reposera la bonne marche de tous les paramètres de sa vie n'est pas si évident à trouver. Si vous en avez un autour de vous, dépêchez-vous de le nommer mandataire !

Christiane, comptable agréée en cabinet privé, 37 ans, sans enfants, partage un bureau et tous ses équipements avec Michel, son mari, qui est artiste peintre.

Ils sont propriétaires d'un condo à Longueuil, mais Christiane est propriétaire d'un chalet à Sutton qu'elle a acheté en copropriété indivise avec sa copine Lise. Christiane a beau se casser la tête, elle n'arrive pas à désigner une seule et même personne qui pourrait composer avec tous les aspects de sa vie. Son artiste de mari n'a pas la bosse des affaires.

Notre solution

Pourquoi ne pas diviser la tâche ? Ainsi, Christiane pourrait :

1. demander à un collègue comptable d'assurer la bonne marche de ses dossiers ;

2. confier à Michel, son « associé de bureau » le maintien en bon ordre du local et des équipements ;

3. désigner Lise comme responsable de l'administration du chalet ;

4. mandater Charles, son cousin administrateur agréé, pour la gestion de ses biens personnels ;

5. laisser à sa sœur Sylvie le soin de sa personne.

Une aubaine :
10 conclusions pour le prix d'une

Il s'en raconte, des histoires, entre les quatre murs de nos bureaux respectifs. Nous avons tenté de garder les expériences les plus représentatives de la masse et les situations les plus courantes pour que les lecteurs s'y reconnaissent et améliorent le mieux possible les aspects financiers et juridiques de leur vie. Ainsi, en guise de mot de la fin, nous pensons qu'un minimum de 10 conclusions payantes doivent être tirées de la lecture de notre livre :

1. *Je dois préparer un testament et un mandat en cas d'inaptitude.* Parce qu'on n'est jamais si bien servi que par soi-même. Juste imaginer que Jeannette, ma belle-sœur, viendra mettre son nez dans mes affaires me fait courir chez mon notaire. Je veux gérer ma mort ou mon inaptitude de la même façon que j'ai géré ma vie : en toute autonomie.

2. *Je dois discuter avec ma douce moitié de la façon de partager équitablement les dépenses issues de notre vie à deux.* Parce que les bons comptes font les bons couples. Parce que ce n'est pas une preuve d'amour que de tout assumer moitié-moitié. C'est plutôt courir après les ennuis, particulièrement s'il y a de grands écarts salariaux. La note d'un restaurant haut de gamme ou d'un voyage exotique coûteux ne laissera aucun goût amer à qui que ce soit si elle est assumée au prorata des revenus dans le couple.

3. *Je dois faire rédiger une convention de vie commune.* Parce que nous avons décidé que le mariage n'est pas pour nous mais que nous sommes conscients qu'il n'existe aucune protection juridique pour les couples non mariés. L'idée même d'un tel document force la réflexion de chacun, fait surgir des discussions nécessaires au début de la vie à deux et évite, en période de tension, des remarques telles que : « T'es arrivé avec tes sacs verts, tu vas repartir avec tes sacs verts ! »

4. *Je dois faire l'éducation financière de mes enfants aussitôt qu'ils commencent à recevoir de l'argent de poche.* Parce qu'une relation saine à l'argent s'établit dès le plus jeune âge, autant par mimétisme que par essais et erreurs. Les enfants devront apprendre que l'argent n'est ni un dû ni une récompense, qu'il est un outil d'échange dans la société et qu'il vient en contrepartie d'un quelconque travail ou effort.

5. *Je dois faire réviser mon portefeuille d'assurance vie aux grands tournants de ma vie.* Parce qu'il est difficile d'être « pile-poil » assuré chaque année pour le montant exact, au dollar près, de mes besoins. Le but de l'assurance est d'éviter les chambardements importants dans ma vie et dans celle de ceux qui m'entourent. Il ne sert à rien d'être obstinément « anti-assurance ». Les entêtements de principe peuvent laisser de gros soucis financiers. En souscrivant au moins la moitié de ce que les experts recommandent, je n'aurai plié qu'à moitié.

6. *Je dois faire un usage modéré du crédit.* Parce que la fierté de résister aux pièges tendus par la publicité n'a pas de prix. Refaire mon crédit sera inversement proportionnel aux plaisirs futiles qui m'ont amené à l'entacher. Consommer, consommer, consommer. Je sais, la modération a bien meilleur goût !

7. *Je dois coûte que coûte faire « comptes à part ».* Parce que la fusion des finances peut jouer de bien vilains tours. Ma cote de crédit deviendra ta cote de crédit et, si je ne paie pas mes impôts, tu vas te faire saisir. L'amour fusionnel, c'est formidable, mais les comptes de banque fusionnels sont à proscrire de toute vie de couple.

8. *Je dois officialiser mon divorce en bonne et due forme.* Parce que tout ce qui traîne se salit. Juste à penser que mon ex pourrait hériter de ma nouvelle bagnole et que sa blonde porterait mes bijoux... Tout ça au nom de la paix. Je veux laisser la poussière retomber, mais c'est mon chum actuel qui va tomber en bas de sa chaise quand il devra remettre les clés de l'auto à mon ex.

9. *Je dois reconstituer ma famille en partant du bon pied.* Parce que ma vie antérieure (enfants, dettes, engagements divers) ne doit pas interférer dans ma nouvelle relation, mais s'y intégrer. Je dois donc réfléchir avec mon conjoint aux situations potentiellement explosives et convenir avec lui de notre vision des choses dans un écrit bien structuré.

10. *Je dois penser et m'informer avant d'agir.* Parce que les coups de tête peuvent coûter cher et laissent souvent un goût amer. Ma passion ne doit pas m'enlever ma capacité de réfléchir. Alors, si je pense que je ne réfléchis pas à mon meilleur, je consulte... et je remets en question chaque phrase que prononce le beau-frère!